经济管理学术文库·经济类

中国农村民间借贷市场研究

China Rural Private Lending Market's Study

魏　源／著

经济管理出版社
ECONOMY & MANAGEMENT PUBLISHING HOUSE

图书在版编目(CIP)数据

中国农村民间借贷市场研究/魏源著.—北京:经济管理出版社,2012.9
ISBN 978-7-5096-2093-9

Ⅰ.①中… Ⅱ.①魏… Ⅲ.①农业信贷-民间借贷-研究-中国
Ⅳ.①F832.43

中国版本图书馆CIP数据核字(2012)第204393号

组稿编辑:王光艳
责任编辑:魏晨红
责任印制:杨国强
责任校对:李玉敏

出版发行:经济管理出版社
(北京市海淀区北蜂窝8号中雅大厦A座11层 100038)
网　址:www.E-mp.com.cn
电　话:(010)51915602
印　刷:北京银祥印刷厂
经　销:新华书店
开　本:720mm×1000mm/16
印　张:10.5
字　数:160千字
版　次:2013年3月第1版 2013年4月第1次印刷
书　号:ISBN 978-7-5096-2093-9
定　价:38.00元

前　言

目前，正规金融对农村金融供给不足，为了实现农户大部分借贷资金需求，中国农村民间借贷市场成为农户融资的主渠道。受现实因素制约，该市场金融功能发挥并不充分。作为克服农村金融抑制的一种努力，应促进其完善发展。国外农村民间借贷研究因社会背景与中国存在差异，其结论不完全适用于中国；国内现有研究多进行市场现象描述和制度政策讨论。本书以广东农村民间借贷市场实地调查为主要依据，着重对中国农村民间借贷市场微观结构和市场效率问题进行经济学研究，以期深刻认识其金融市场本质，进而探索其健康发展的可能途径。

本书的创新性研究工作及主要结论包括：

(1)将金融市场微观结构理论和市场效率理论运用于中国农村民间借贷市场研究，对该市场交易机制及市场表现的核心经济特征进行经济学分析和经济计量研究。选取这个研究视角并采用这种理论方法，在国内相同领域的研究中尚属首次。

(2)对农村民间借贷市场制度背景和供求状况的分析显示：二元经济增长模式下金融资源配置方式、农村金融交易平台欠缺等因素构成其市场发展的制度性约束；借贷交易中缺乏信用识别与风险控制技术、借贷资金供给的机会成本提高等因素导致农户借贷资金供给与需求比例失调，农户融资计划得到满足的比例平均为83.93%，显示其存在融资约束。

(3)对农村民间借贷市场微观结构进行分析，探讨其核心交易机制，分别对借款人和贷款人以及市场交易价格建立利率定价多元回归模型并进行实证。模型设定农村CPI、正规金融机构的同期贷款利率、农民家庭人均收入作为公共信息变量；设定借款人的还款来源、借款用途和储蓄能力，贷款人的生产经营资金投资力度、贷款用途和储蓄能力作为私人信息变量。结果显示，市场交易价格模型方程在 F – 检验的 1% 水平上显著，其他模型具有 R^2 的统计显著性；反映借款用途的变量在 10% 水平上显著，其他变量均在 5% 水平上显著。这说明该市场利率能够反映公共信息的影响，借款人和贷款人的利率定价也反映了各自私人信息中风险和能力因素的影响，可知农村民间借贷市场是借贷双方自主交易的民间金融市场，其利率定价基本市场化。

(4) 对农村民间借贷市场的市场效率进行研究。首先采用单位根方法检验市场价格时间序列的平稳性，结果显示，价格序列在 1% 水平上的随机游走假设成立，即农村民间借贷市场的信息效率达到弱式有效。然后利用市场效率的“短边”规则，引入贷款人贷款资金量和借款人借款资金量及其他相关资金比例变量，建立该市场交换效率测度模型，从理论上评价这个非出清市场的交换效率。

目 录

第一章 绪 论

第一节 问题的提出及其背景

本书以中国农村民间借贷市场为研究对象，对其制度背景、供求状况、市场微观结构要素及交易机制、市场效率等问题进行经济学研究，以期深刻认识其交易机制及市场表现的核心经济特征，探索其健康发展的道路。

提出并研究这一问题的现实背景，概括地讲，是当前中国经济和金融二元结构下正规金融对农村发展的金融支持不足，而国家发展战略调整为农村经济发展提供了历史性机会，因而需要积极动员并利用农村当地资金提供金融支持的客观现实。研究工作的现实意义在于，顺应客观需要，深入探讨中国农村民间借贷市场的经济本质、金融本质和市场本质，为探索实现其市场健康发展提供建议。

农村经济社会发展进程与国家工业化发展战略密切相关。经济发展过程往往与其工业化和城市化的过程同步，并且在初期，农村和农业往往承担着为工业化和城市化发展输送包括农产品、劳动力和资本乃至土地资源等重要生产要素的职能。从货币资金流动的角度来看，农村在这个过程中起到向城市和工业化领域“输血”的作用，由此导致农村地区货币资金“外流”的现象，进而导致更为严重的区域发展不平衡。中国农村经济社会发展明显滞后于城市和工业化领域的发展。造成这一结果的重要原因是国家财政和正规金融对农村的资金支持力度不够，农村在固定资产投资、各级财政支农支出、农业贷款资金支出中所占的比重，与农村人口比重、农业和农村经济占全国 GDP 份额很不相称。为此，《“十一五”规划建议》就已经明确提出要“深化农村金融体制改革，规范发展适合农村特点的金融组织，探索和发展农业保险，改善农村金融服务”。加快形成促进农业和农村发展的财政和投资、融资体制是新阶段推进社会主义新农村建设的重要条件。发展农村经济所需的资金不但需要依靠政府对农村公共基建加大财政投入，而且需要正规金融大力支持，还需要积极发展民间金融活动，共同为农村经济发展提供金融支持。

金融资源稀缺成为制约农村经济发展的“瓶颈”，当前农村经济存在较严重的金融抑制。怎样消除农村的金融抑制、释放金融抑制带来的能量积聚？怎样提高农村民间借贷市场效率？解决这些问题需要农村金融发展模式由原来政府干预融资的“旧范式”转变为以市场为基础提供金融服务的商业化融资的“新范式”，利用多种民间金融形式和制度改善农村金融服务，形成新的农村金融格局。这个过程既是当代经济理论与中国农村经济发展实践相结合并做出相应调整的过程，也是农村金融深化的过程。它涉及农村金融深化和发展的核心与前沿问题，即农村民间金融发展的微观运行基础培育，以及所涉及的相关制度演进和行为模式转变；而且，它直接指向农村金融深化与发展的基本动因，并关注对发展行为合理性的制度约束。解决这些问题的过程是一个庞大的系统工程，工作起点一方面是在农村经济基层主体的农户和农民中普及相关的金融理念与技术，另一方面是建立健全农村金融的相关制度与规则。农村社会存在民间金融发展的现实土壤。国务院于 2010 年 5 月发布的《关于鼓励和引导民间投资健康发展的若干意见》，对民间资本进入农村金融领域的经济行为提供了政策性意见，鼓励农村发展多种形式的民间金融活动，推动建立相应的交易制度和交易平台，农村民间金融发展有着广阔的前景。

本研究的理论意义在于：将经济学的市场微观结构理论和金融市场效率理论应用于中国农村民间借贷市场研究，建立市场利率定价和市场效率检验与测度模型，并利用广东农村实地调查数据进行实证分析，使对农村民间借贷市场的理论认识更加清晰。

第二节 研究综述

一、概念界定

由于研究视角不同，在不同国家或不同时期的研究文献中，人们对相同实质的金融活动在表述时所使用的概念术语可能不同。具体到农村民间借贷活动，在国内外有关农村金融发展策略、农村信贷市场、农村民间金融、农村私人借贷等问题研究的各类文献中都有所涉及。为了明确本书研究对象在不同文献中的研究结论，特在此对农村民间借贷的相关基本概念进行界定。

1. 非正规金融

民间借贷和民间金融都属于非正规金融活动，而非正规金融是与正规金融相对的概念。正规金融是指一个经济体系的金融领域中正式纳入官方金融监管的金融活动；非正规金融则是指尚未正式纳入官方金融监管和信用控制的金融活动，它包括参与这种金融活动的各种交易主体、交易中介、交易场所和交易平台。非正规金融在一些国家尚未完全获得合法地位，因而存在地下金融的活动形式。

一般认为，非正规金融是一个经济体系中金融市场不完善、金融交易制度不健全的产物，属于一种过渡性金融活动，通常与这个经济体系中存在的二元结构相关，特别与其金融体系的二元结构密切相关。一些发展中国家在经济体制转型过程中，由于正规金融发展与金融深化不充分，正规金融部门提供金融服务时出现“真空地带”或“盲区”，表现为某些区域和领域的金融服务欠缺或完全“无供给”，从而导致这些区域和领域的金融需求得不到满足。由需求刺激而产生的金融供给，如果不能由正规金融渠道提供，则转而由非正规金融渠道提供，因此可以认为，非正规金融与正规金融提供的金融服务产品互为替代品，在市场对金融服务需求既定的情况下，这两种方式的金融供给行为相互竞争，各自实现的市场需求量表现为此消彼长。

2. 民间金融

民间金融泛指各种非官方的金融活动主体之间的非正规金融活动，具体表现为以各种非正式形式开展的金融活动。民间借贷是民间金融的一种活动形式。同类概念如民间融资，一般认为它是从货币资金需求方的角度描述的一种民间金融行为，通常是指通过民间金融方式或渠道进行的融资活动。民间金融活动的特征主要体现在金融交易主体的产权性质上，包括个人、私营等民营产权。民间金融是金融体系的组成部分，在一般的市场经济体系中，它向社会提供的融资服务与正规金融机构提供的金融服务共同构成金融服务总量。

3. 民间借贷

民间借贷是信用制度的最初形式。民间借贷活动是一种民间信用行为，表现为非官方主体间货币资金的借贷，形成以偿还本金和利息为条件的债权债务关系。民间借贷是一种高度私人化的金融交易，在农村金融活动中具有普遍性，是当前中国农村社会广泛存在的一种民间金融形式。民间借贷的形式多样，有需要借款人提供担保的借贷，还有不需要提供担保的信用借贷。在不引起歧义的情况下，民间借贷有时也被称为民间信贷。农村民间借贷市场的主体包括农户、农村中小企业和农村的民间金融组织机构，本书研究的市场行为主体是农户，即农民家庭，它依据血缘关系组成，同时依据家庭经济区位划分，为居住在农村的家庭。本书研究农村民间借贷市场上个体农户私人间的货币资金借贷。

研究文献中将民间借贷表述为私人借贷（Private Moneylending）、非正规借贷（Informal Lending）等不同术语。其中，非正规借贷还被用于指称其他形式的民间信用活动，例如商业信用、典当等，这些均不在本书研究范围之内。私人借贷通常被划分为以下几类情况：①亲友之间的非商业性信用行为。②基于货币的商业性信用安排，包括有资金闲余的个人专职或者兼职向有资金需求的借款人提供的信用等。③基于土地的商业性信用安排,包括以土地使用权或所有权作为依据,由地主或者农户提供的信贷。④基于商品的商业性信用安排,包括由商品供应商或购货商提供的信用等。更多研究工作将基于商品的信用安排划归商业信用,而将上述前三类信用安排划归私人借贷,它们的共同特征是都属于个体性行为。

二、国外研究概况

国外对农村民间借贷市场的研究主要包括以下四个方面的内容:

1. 关于农村民间借贷在农村金融发展策略中的地位

在发展中国家经济发展过程中农村经济与金融发展的关系问题备受关注。农村金融的发展策略受到现代金融理论和经济发展理论及其政策主张的影响,农村民间借贷在农村金融发展策略中的地位亦受其影响。在现代金融理论发展的影响下,农村金融发展的核心问题是如何将金融资源渗透到低收入的农户和有货币资金需求的农户手中,无论是在早期农村补贴信贷政策中还是在后来农村发展金融策略中,它都是艰巨而复杂的问题。在正规金融机构对农村经济提供金融支持的策略经历各种探索过程的同时,农村原生的民间借贷活动始终存在并发挥着补充性金融市场的作用。

麦金农(Mackinnon,1973)和肖(Show,1973)是现代金融理论中金融抑制和金融深化理论的代表人物,他们论证了金融与经济发展具有相互促进、相互制约的辩证关系,同时揭示了发展中国家经济发展过程中的一个典型特征——存在金融抑制。他们探讨如何使金融体系与经济发展之间形成相互促进的良性互动关系,主张解除利率限制,推进金融自由化,实现金融深化,促进经济发展。麦金农(Mackinnon,1993)进一步提出了金融自由化的次序,包括采取财政控制、开发国内资本市场、汇率市场化等一系列措施。从 20 世纪 70 年代起,金融深化理论的政策建议被许多发展中国家和地区采纳。起初,金融自由化改革对消除金融抑制、促进经济增长起到了一定的作用，然而随着改革的推进，这些经济体出现了不同程度的通货膨胀和金融体系不稳定。同时，另一些国家和地区的经济发展现实还出现了与金融抑制理论不符的状况，即尽管存在金融抑制，经济却仍然实现了快速发展。复杂的经济现象启发人们进行更加深入的理论研究，由此产生了赫尔曼（Hellmann，1997）、默多克（Murdock，1997）和斯蒂格利茨（Stiglitz，1997）的金融约束理论，认为彻底的金融自由化对发展中国家经济或转型经济来说并不可取，这时进行选择性的政府干预将有助于金融健康发展。他们主张实施信贷配给，政府通过制定一系列的政策进行金融约束，实行存款和贷款利率控制，即实行由存款监管、市场准入限制等措施构成的一整套金融约束政策，来实现租金（一种超越于竞争性市场而取得的收益）在生产部门和金融部门之间分配。进入 21 世纪以来，在对金融理论的进一步深入研究中，卡尔德龙和刘林（Calderón 和 Liu，2003）、纳兹米（Nazmi，2005）认为，放松管制对金融深化具有积极作用。塔德斯（Tadesse，2002）、本田（Honda，2003）、艾尔甘格尔（Ergungor，2004）、尼迪库曼那（Nidikumana，2005）、帕瓦尔（Pawar，2006）认为，金融发展并不是简单地实行利率自由化和放松政府管制，还应当同本国的经济改革进程、法律制度、社会资本等多方面因素相结合，农村当地自发的民间借贷市场尤其能够体现这些方面的要求。

20 世纪 80 年代前，在农村金融问题上，由于农业比较利益较低，人们普遍认为高利率政策不适宜农业信贷。于是由政府提供农业补贴信贷来替代存在市场失灵的商业金融成为许多国家的农村金融模式，政策性金融这种旨在解决在金融市场上处于边缘地位的农户私人金融需求的制度安排，成为当时农村金融市场上的主导性制度形态。在这种背景下，农村信贷补贴论主张通过正规金融机构向农村注入大量低息的政策性信贷资金，促使民间借贷利率下降，降低农村的融资成本，刺激农业生产投资，增加农民收入以缓解农村贫困。这个政策的理想模式是：获得这种经过“贴息”的农业信贷的，正是政府事先预定的低收入农户群体。然而在实践中，当政府不加区分地向所有农户提供这种补贴信贷，而政府不做或者无法做到区分和识别那些作为预定群体的真正低收入农户时，在信贷供给远远小于信贷需求的现实中，这种廉价的信贷资源自然会被农村当地的社会资本丰富的或是高收入的群体所占用，从而使信贷补贴政策的实施事实上偏离了它的设计初衷。另外，这种信贷补贴政策实际上是一种提倡信贷供给先行的农村金融发展战略，它未能有效地动员农村农户主动储蓄以建立再生产资金来源，导致农业信贷最终蜕变为纯粹的财政压力，从而使得实施农业信贷补贴政策的现实代价高昂而收效欠佳。

20 世纪 80 年代后，在研究如何促进发展中国家农村地区经济和金融发展的理论中，涌现出戴尔·亚当斯（Dale Adams）、冈萨雷斯·维加（Gonzalez－Vega）、冯·皮斯克（Von Pischke）等经济学家，极力推崇市场机制，并且在政策上积极主张取消农村信贷补贴从而实行“零补贴”信贷政策。“俄亥俄学派”在《廉价信贷摧毁了农村发展》一书中对政府主导农村金融发展政策进行了严厉的批评，正式揭开了农村金融发展范式转变的序幕。他们认为，旨在促进农村地区和农业发展的老一代农村信贷补贴政策结果事与愿违：事实上存在大量违约情况，提供贷款成为这种政策的唯一手段而并无其他配套的金融服务，低收入农户并未获得补贴贷款，反而是这种廉价的补贴信贷刺激了农村地区的资金需求，产生了负激励，激发了政治需求，扭曲了资源配置手段，导致政治配给的出现，软化了金融约束，弱化了金融纪律并破坏了金融秩序，致使这种补贴贷款旁落到高收入或社会资本丰富的群体手中。更为严重的后果是，这种补贴政策使农村金融发展机构陷入补贴依赖的被动状态，使他们丧失发展动力和长期持续自立发展的能力，徒增政府的财政负担。为此他们指出，政府把农业信贷作为一种捐赠的做法是极端错误的，所以建议政府从对农村金融的干预中完全退出。明显的事实和这一学派理论的清晰逻辑逐渐得到人们的普遍认同，由此农村金融市场论逐渐取代了农村信贷补贴论，成为市场经济国家的农村金融发展理论的主流观点。它强调农村地区储蓄动员的重要性，认为这是农村金融组织的必要原则，通过吸纳储蓄，金融组织能够掌握客户的相关信息，更好地了解当地资金市场；主张借贷利率由市场机制决定，反对政府干预，并极力排斥政府在农村金融中的价格控制和规模控制，认为农业信贷补贴只能应用于农村金融市场机制失灵的地方。总之,这一学派更加偏爱市场而不愿看到寻租行为在公共部门蔓延,他们认为无政府干预的私人部门或非正规金融能够更有效率地在农村以更低的价格提供金融服务。正是在他们的理论推动下,在世界范围内掀起了对农村金融机构进行市场化改造的范式转变浪潮。在这一背景下,发展中国家的农村民间借贷市场相继获得了市场化金融的发展空间。

20 世纪 90 年代末,亚洲金融危机的严酷现实迫使人们反思激进的金融市场自由化发展过程中存在的问题。人们发现,即便是在成熟的市场经济中,政府公共投资也应该在教育培训、基础设施建设、有关技术研发等方面发挥重要作用;在市场运行基础并不完善的发展中国家,幼稚而且脆弱的农村金融市场的发展为什么只能完全放弃政府的作用呢?鉴于农村金融机构的运营成本和风险较大,金融产品和服务的技术研发能力不强,金融交易的执行和维护人员的人力资源匮乏,这是一种典型的幼稚型金融,但是它却具有巨大的社会福利效应,所以政府应该对它给予必要的帮助和支持。由此人们认识到,合理的、适当的政府干预对稳定金融市场秩序仍然是有价值的,特别是对发展中国家农村金融市场的干预介入,借助适宜的金融体制调控农村信贷仍有积极作用。因此,农村民间借贷市场的发展应当受到一定的政府约束。

2. 关于农村民间借贷在民间金融和农村信贷市场中的作用

对发展中国家农村金融的理论研究还涉及农村民间金融的具体方面,包括:①民间金融与正规金融之间的关系。例如,正规金融与民间金融之间的相互作用问题,农村信贷活动中出现的转贷行为的福利效果问题,以及正规金融与民间金融联结的契约设计问题等。②民间金融的具体形式以及相关融资职能的发挥过程与融资模式的运作机制。例如,私人借贷、民间合会、小额信贷等。③民间金融对农村经济发展的作用。

国外对民间金融的专门研究从 20 世纪 60 年代末开始,伴随着对印度、印度尼西亚、玻利维亚等国的非银行金融机构的研究一起进行。这类研究起源于国际发展机构对小农信用项目的研究,以及人们对存款机构的发展相对于经济增长过程而言严重不足的现实问题的关注。研究者发现,在发展中国家,普遍需要一种从无信贷及储蓄机构向正规金融机构过渡的、非正规金融广泛存在的阶段。而且,在发展中国家或农村较落后的地区,正规金融和非正规金融并存的现象普遍存在,农村信贷市场被正规金融和非正规金融分割。

对农村信贷市场分割现象进行经济学分析的一种框架是金融抑制假说提供的逻辑方法,麦金农和肖的研究将金融体系的低效率状况归因于政府对金融交易的过度干预。一方面,由政府干预产生的抑制性政策,如对存款和贷款的利率进行限制,将直接推动资金需求的提高,同时抑制正规金融机构借贷资金的供给,由此产生资金供给缺口,迫使正规金融机构对高度稀缺的信贷资金按照某种特定的人为标准进行配置,结果是资金需求并没有全部得到满足,剩余的部分则可能通过非正规金融的方式解决;另一方面,政府信贷配给政策以及正规金融机构对资金借款人存在所有制偏见和制度歧视,信贷资金大量集中在政策导向支持的产业和领域,这通常是一些国有企业或规模庞大的企业,这些企业在借款时还可能享受到政策期许给它们的利率补贴等优惠条件。而一些新成长的中小企业却很难在正规金融机构通过正常的信贷途径获得所需的信贷资金,为保证企业的生存,它们可能以更高的利率在非正规金融市场获取资金,由此产生对民间金融方式融资的强烈需要。凯利·赛(Kellee S. Tsai, 2004)的研究显示,农村信贷资源的分配还受到地方政治因素的影响,大量证据表明,正规金融机构所提供的价格低廉的信贷资源,大量地被当地农村基层干部、金融机构工作人员的亲友、农村富裕群体等社会关系广泛的借款人所占据,而农村的低收入、贫困群体则被排除在外,这种得不到正规金融机构提供信贷资金的需求,占农村金融总信贷资金需求的60%~70%,一般由民间金融提供资金供给予以满足。

对农村信贷市场分割现象进行经济学分析的另一种框架是建立在信息经济学的基础上对市场分割的结构和制度进行解释。斯蒂格利茨和霍夫(Stiglitz 和 Hoff,1993)指出:"发展中国家的农村金融是典型的二元形态。在正规金融市场上,金融机构充当存款人和借款人的中介,通常向借款人收取利息的利率是经过政府补贴的低利率;而在非正规金融领域,私人放贷者、参与融资交易的亲戚朋友们都是根据自身的利益进行私人间的借贷。"他们基于民间借贷活动中借款人信用状况的不完全信息条件,对这种普遍存在的农村信贷市场分割现象进行了理论剖析。他们认为,在借贷者之间存在着信息约束,特别是就放款人而言,一方面他无法了解借款人的风险偏好和还款意愿,另一方面他也无法有效地监督借款人对贷款的使用是否严格按照借贷合同的规定进行。在农村金融交易中,放款人和借款人之间的信息不对称,是导致借贷资金使用过程中呈现非效率特征的关键因素。在信息不完备、信息不对称以及借贷合同的契约执行成本高昂的情况下,逆向选择和道德风险的存在终将导致市场失灵,进而损害农村金融市场的健康运行。进一步的研究认为,非正规金融活动的参与者能够利用当地的私人关系获取有用的私人信用信息,从而在解决信息不对称问题时有较明显的优势,这是非正规金融存在的重要原因。换言之,在农村金融活动中,信息不对称造成的事先的逆向选择、事后的道德风险问题可能是导致农村民间金融广泛存在的一个根本性原因。研究发现,"政府所有的金融机构在掌握潜在的借款人信息方面,并不比私人放款人拥有优势,相反,它们在贷款的监督和实施上更可能处于劣势",因此,政府在农村金融市场上的失败在所难免。"过去的经验告诉我们,不能用恶化农村金融市场的政府失败来解决农村金融的市场失败","考虑到政府失败的可能性、社会机会成本以及公共财政能力等因素,政府干预农村金融的局限性也就不胜枚举了"。

以上两种分析框架各有侧重。按照 Ghate(1988)的解释,民间金融包括两个部分:①起源于亲友间的私人借贷、私人合会形式的自发性融资。②起源于正规金融部门因为受到政策控制而无法满足全社会借贷资金需求,这样产生的需求溢出部分则可能通过民间融资渠道得到满足,这是非正规金融对正规金融供给不足的事实进行的及时反应,是一种补充性的金融供给。上述两种分析框架分别对民间金融的这两个部分进行了经济学解释。金融抑制假说着重于对民间金融的反应部分的解释,是对农村信贷市场分割事实的外生性因素的解释;信息经济学的分析范式则着重于对民间金融产生的根本原因的剖析,是对农村信贷市场分割事实的内生性因素的解释,揭示了在农村金融活动中,民间金融存在信息获取方面的比较优势，无论是其自发部分还是反应部分都存在这种信息优势，因而即使在实现了金融自由化的地方，仍然有可能存在民间金融活动，这意味着农村信贷市场的分割状况可能持续存在。

3. 关于农村民间借贷的利率水平

在私人借贷中，同一个放款人对不同的借款人给出的贷款利率水平可能是不一样的，因而弗洛罗（Floro，1991）认为它是一种高度个人化的金融交易。在亲友之间的非商业性私人借贷中，贷款金额一般较小，且通常没有明确的偿还期限，此类借贷一般不收取利息，或者只是象征性地收取低水平的利息（Brandt 和 Hosios，2002），这种情况在国内外具有普遍性，但是在理论研究中很少受到关注。近期学者指出，应该在更加广泛的意义上理解民间借贷的利率含义，那些亲友间的私人借贷虽然没有名义上的利率，但是借款人在接受贷款时，事实上已经做出了在未来某个不确定的时间给予今天的贷款人以必要的帮助的承诺，这种承诺可以被视为一种隐性的利息。而且，这种隐性利息的表现形式是多样化的，例如它可以是借款人为放款人免费劳动，或者给予对方其他形式的帮助作为报偿等，这种报偿还可能是非经济性的利益，具体采取何种方式表达报偿，取决于当地社会风俗和文化传统。

亚当斯（Adams，1992）的研究表明，在民间借贷中收取超高利率的高利贷比例很低，大量商业性民间借贷的利率水平保持在适当的水平上。传统经济学认为，高利贷是非生产性的投机行为，即使高利贷的借贷资金用于生产投资，畸高的利率仍然被认为是掠夺性的，它严重剥夺了借款人的劳动成果。社会对高利贷的普遍排斥深刻地影响着政府对高利贷的政策，许多国家以法律形式禁止高利贷以保护借款人的利益。此外，一些发展中国家通过正规金融机构向农村金融市场注入大量廉价的信贷资金，试图将高利贷挤出农村资金市场。波特雷（Bottomley，1963，1964，1965，1975）的一系列研究较早关注了农村民间借贷中的利率问题，并对农村商业性私人借贷中的高利贷现象提出了不同于传统的观点。他认为，交易成本和风险溢价在民间借贷中对利率的形成起到了支配性的作用，所以，私人借贷的高利率水平在很大程度上可以用高风险和不确定性来加以解释，早期的研究包括伊克巴尔（Iqbal，1988）、阿利姆（Aleem，1990）等都支持了这种观点。

民间借贷的借款人同样能够对借贷利率产生影响。麦肯齐和伍德拉夫（McKenzie 和 Woodruff, 2004）的研究表明，农村地区的农业生产和小企业往往有着较高的资金回报率，这种高资金回报率推动了农户和小企业的信贷资金需求，从而刺激了民间借贷的利率水平上升。同时，一些有助于增加借款人还款能力的因素，则能够降低贷款的风险，从而降低民间借贷的利率，伊克巴尔的研究结果显示，印度农村民间借贷的借款人所拥有的土地数量、教育水平等因素能够显著地降低他们的借贷利率：在5%的显著水平上，土地数量每增加1公顷，贷款利率降低0.16%；在10%的显著水平上，受教育年限每增加1年，贷款利率降低0.83%。

查克拉巴蒂和乔德赫瑞（Chakrabarty 和 Chaudhuri，2001）研究了正规金融与民间借贷共存互补的情况下，正规金融部门的信贷中贷款补贴政策对民间借贷利率和生产的影响。研究结果显示，如果信贷补贴采取扩大贷款数量的方式进行，则这种补贴能够降低民间借贷的利率，同时提高农业生产率、改善农户的福利水平；如果对正规金融部门的信贷采用价格补贴的方式，降低补贴信贷的贷款利率，则可能提高民间借贷的利率水平。这一研究结果目前尚未得到发展中国家农村信贷市场的普遍验证。

4. 关于农村民间借贷对农村经济发展的影响

早期的研究认为，民间借贷对农村经济的积极作用仅限于它能够在一定程度上平滑居民的消费（亚当斯，1992）。近年来的研究逐渐认识到，民间借贷除了能够平滑消费外，还能够促进农村投资、推动新技术的推广、推动人力资本投资的增加和劳动力水平的提高等，甚至在一定程度上还发挥了金融中介的作用（Irfan，1999）。用于民间借贷的资金主要来自放款人的自有资金，但是也有部分资金来源于农村的外部资金，其中相当大部分来源于正规金融部门。民间借贷的存在事实上扩大了正规金融部门的金融中介范围，这对促进农村金融深化、缓解农村金融市场信贷资金压力和缓解借款人的融资约束，都有十分重要的现实意义。

弗洛罗和雷(Floro 和 Ray,1997)以菲律宾为例,探讨了利用正规金融和民间借贷之间的垂直联系来扩大金融中介的可能性,结果显示,放款人之间如果形成策略合作,则可能加大借款人获得借贷资金的难度。另外,农户家庭的生产组织方式往往取决于其所面临的金融市场以及相关的金融交易契约的性质,民间借贷中的放款人通过金融市场影响着借款人的生产决策。

三、国内相关研究概况

一般来说,国家和地区之间在经济发展水平、社会文化传统、政治经济制度等方面都存在历史差异,金融市场和民间借贷的发展形态和影响力存在现实差异,而且即便是同一个国家和地区,在其不同的发展阶段,民间借贷对经济发展的影响和作用也不同。因国外研究的现实背景与中国存在很大差异,其研究结论不完全适用于中国。尽管中国农村民间借贷市场的发展状态与国外经验存在诸多差异,但是国内外共同的研究结论是民间借贷在金融市场中的力量不容忽视。

国内对中国民间金融的研究很早就开始了,如我国经济学家杨西孟和王宗培对中国民间合会的研究,在 1935 年分别以《中国合会之研究》和《中国之合会》为题出版了各自的研究成果。王宗培对中国民间合会盛行的原因,提出了自己的观点,认为它肇源于社会经济之紧张,至于其原因,凡得五端:①平民贷款机关之不完备也。②社会上对物信用观念太深也。③储蓄机关之不发达也。④人民生活程度之骤增也。⑤重利之为人所痛恨也。杨西孟认为,合会的组织是在一定的经济条件下产生的,即"必须在一个以农业为中心,而国民经济的发展又较为落后的国家和社会方可发生和滋长"。因为"在那种农业社会里,资本主义的生产方式还没有萌芽,或者还没有占据经济中的优势;金融制度也没有高度的发展,一切的社会制度较少变化,社会秩序较为安定;家庭观念极为浓厚;乡党亲友的关系异常密切——有无相济,视为义所当然"。所以"以互助为目的,以对人信用为宗旨的合会组织便可以应运而生,蔓延各处"。

当前对民间借贷的经济学研究在研究对象所处的时间和空间跨度上较大，主要涉及：①对中国历史上特定时期、特定区域的民间借贷活动的社会经济史研究，如中国台湾学者罗彤华（2000）、大陆学者俞如先（2010）等，他们揭示了特定历史环境下中国社会特别是农村社会中民间借贷关系发生的原因、借贷关系存续的条件与组织形态，以及借贷活动对经济生活的影响等方面的历史事实。②对中国当代民间金融活动的经济学研究，近年来集中在对经济体制改革过程中的民间金融现象的描述上，如张杰（2001）、张宁（2003）、李建军（2006）等，这对了解中国农村金融活动的丰富程度十分有益，但是要进一步深刻理解民间金融活动的起因、促进其可持续健康发展应采取的措施等问题，则需要借鉴国外的经济理论和研究方法，结合中国农村经济社会及金融活动的实际，进行更深入的调查与研究。

当前对农村民间借贷活动的研究主要集中在以下几个方面：

（1）中国农村民间借贷对农村经济发展的作用。据俞建拖（2005）对浙江台州200家农户的调查显示，2001年私人借贷明显促进了当地居民消费水平的提高，在1%的显著水平上，私人借贷资金每增加1000元，则消费资金增加506元，可见民间借贷对当地农户居民消费的促进和平滑作用比较明显。张建军（2003）对广东恩平市民间借贷资金的用途进行的分析显示，在当地企业的私人借款中，有84%用于生产经营，农户私人借款有41%用于生产性投资。朱守银（2003）对中国传统农业地区农户民间借贷的调查发现，约31.6%的私人借贷资金用于消费，约46.1%用于生产性投资。在促进经济发展的同时，民间借贷本身交易链的脆弱性，有可能在多米诺骨牌效应的作用下，加大农村非正规金融市场的脆弱性，这种可能性也是被实践证实了的事实。

（2）民间借贷以及民间金融形成的原因和发展方向。已有的研究一般将民间金融的存在归因于我国长期以来实行的金融抑制政策，如陈虎城（2005）认为，金融抑制的政策环境是民间金融产生的直接诱因。胡金焱（2006）认为，我国农村金融处于边缘化状态，造成这种状况的首要原因就是国有垄断的以国有银行为主体的正规金融体系长期以来实行的以城市和工业为主导的金融制度安排。张庆亮（2005）认为，民间金融是农村经济主体制度创新和诱致性制度变迁的产物，农村社会经济发展已经内生出了民营金融创新的主体，具有典型的内生性金融制度的特点，这种发展的必然性与中国经济体制改革的逻辑是相一致的，它内生于农村经济发展所产生的金融需求，是农村金融制度变迁和创新的方向，能够消除长期以来制约农村社会经济发展的金融抑制问题。

关于民间金融的未来发展方向，一般认为其核心问题仍然是制度安排问题，解决办法是由政府制定规则，放开金融市场的准入和退出壁垒，确立公正有效的市场竞争规则，给市场主体以更加充分的自主选择机会。大量的研究结果认为，正规金融与民间金融联结，不但能够有效降低交易成本，而且还能够促进民间金融发展与提升正规金融机构面向基层的制度适应能力，所以不应该简单地限制甚至取缔各种非正规金融活动，而应正视其产生的经济社会背景和客观环境现实，更多地从政策上和制度上加以引导。有代表性的研究如：①徐佼、杨烨（2007）提出，发展社区银行能够为中小企业和居民提供个性化的金融服务并引导资金流动，有效补充银行体系和融资渠道，因而成为城市金融反哺农村金融的可供选择的路径。②张军（2005）提出加快农村信用社改革步伐，发展农村社区小型金融机构，建立一个正式允许农村民间信贷运作的规则框架。③李刚（2006）认为，政府应当从法律层面上正式承认民间金融的合法性，将其信用关系纳入正式制度的调节范围，使其所形成的契约能够得到法律的有效保护，为交易双方建立一种稳定的制度预期。④中国人民银行广州分行课题组（2002）提出，应在政府层面建立民间金融的监测系统，定期监测民间金融的资金来源、资金投向、利率变动等情况，及时做出风险预警，防止操作风险和决策风险，同时建立信用中介管理公司、贷款信用担保公司等信用中介机构，提供信用服务。另外，他们建议中央银行加快利率市场化进程，让资金在同等条件下在正规金融机构和民间金融之间合理分布，用市场化手段优化资源配置。

（3）对民间借贷行为的经济学方法描述。大量对农户借贷行为进行的描述性研究，主要关注农户借贷发生频率、借贷规模、资金来源和用途等方面的表现以及农户家庭收入、户主的文化程度及年龄等个性因素和特征，农户的借贷动机等方面因素的特征。如李晓明、何宗干（2006）

对安徽省农村，黄绪江（2007）对湖北咸宁农村，李颖、陈瑞燕、郭翔宇（2008）对东北地区特别是黑龙江省农村，曾贤林、吴健、杨顺勇（2009）对贵州省农村等，在调查的基础上对农村民间借贷的主要经济特征进行了描述性实证分析。

（4）对农村民间借贷行为的制度环境的分析。这类研究资料通常采用博弈论方法对农村借贷双方的借贷行为进行分析，但是由于不同的研究者设定的效用函数不同，收益值的设定带有一定的随意性，因此影响了博弈结果的一般性。另一个研究方向是运用新制度经济学的研究方法对当前农村民间借贷活动进行经济学逻辑分析，研究结果通常对当前中国农村金融体制改革，特别是农民金融发展中的制度建设提供政策建议，如黄步楼、彭青、李泽军（2004），姜雅莉（2005），钮明（2006），张丹、廖正娟（2007），李岩（2008），黄颖（2009）等的研究。一般认为，应从政策扶持和法律保护等方面把民间借贷"扶上马，送一程"，一方面民间借贷渴望政策扶持，通过政策对其加以引导和监控，既要让这部分资金得到合理有效利用，又要防止产生相关风险，保持社会经济与金融的稳定；另一方面通过法律手段加以保护与规范，从法律的角度给民间借贷正确定位，给其一个合理的生存空间，让其在尽可能的领域内继续发挥积极作用。同时，主张成立相关的自律组织，发展农村社区金融合作，促其健康发展。

国内近年来关于农村民间金融和民间借贷市场的应用研究大量涌现，研究成果十分丰富，但是通过上文综述可见，一方面农村民间借贷问题日益受到政策和理论研究的重视，另一方面目前的研究工作更多地停留在对市场活动进行现象描述和对交易行为进行浅层次博弈理论模型解释阶段，尚未充分展开对农村民间借贷市场微观结构进行全面分析和对其市场表现的效率进行评价等重要工作，而这是深刻理解农村民间借贷市场的金融市场本质、探索其健康发展道路的认识基础，这些基础性工作正待深入进行。

第三节 研究内容和框架

探索中国农村民间借贷市场的健康发展之路，是源于中国当前发展农村金融以促进农村经济发展的现实需要而进行的研究工作，它首先需要对当前农村民间借贷市场的发展现状进行全面深入了解。为此，本书首先对农村民间借贷市场的制度背景和市场供求状况进行描述，然后对农村民间借贷市场微观结构及其交易机制核心的利率定价特征进行理论概括和实证分析，进而建立其市场效率的检验与测度模型并进行实证分析，最后探讨农村民间借贷市场健康发展的途径。

本书研究工作的技术路线如图 1-1 所示。

第一章介绍了本书的现实背景和理论背景，对研究工作进行了整体设计。

第二章介绍了本书运用的主要理论和方法。

第三章对农村民间借贷市场的制度背景进行理论分析，明确了该市场在中国当前特定的经济发展阶段所面临的制度环境及其对该市场发展的影响作用。既有因制度供给不足而导致的制度性约束及技术性约束，即现阶段二元经济和金融结构下的金融资源配置方式导致资金供给对“三农”的边缘化，其结果是正规金融机构向农村提供的信贷资金供给不足、农村金融交易平台欠缺、农村民间借贷市场借贷资金交易规模有限，导致农村金融深化困难，产生明显的金融抑制。但也有因国家发展战略调整而提供的历史性发展机会。

第四章对农村民间借贷市场的供求状况进行统计描述，这是民间借贷市场微观结构分析的基础性内容，结果明确了该市场的基本交易条件和交易状况，即民间借贷资金供给不足、存在农户融资约束。

第五章对农村民间借贷市场的微观结构进行分析，对该市场的交易机制核心即借贷双方交易者的利率定价方式进行了经济计量分析，明确

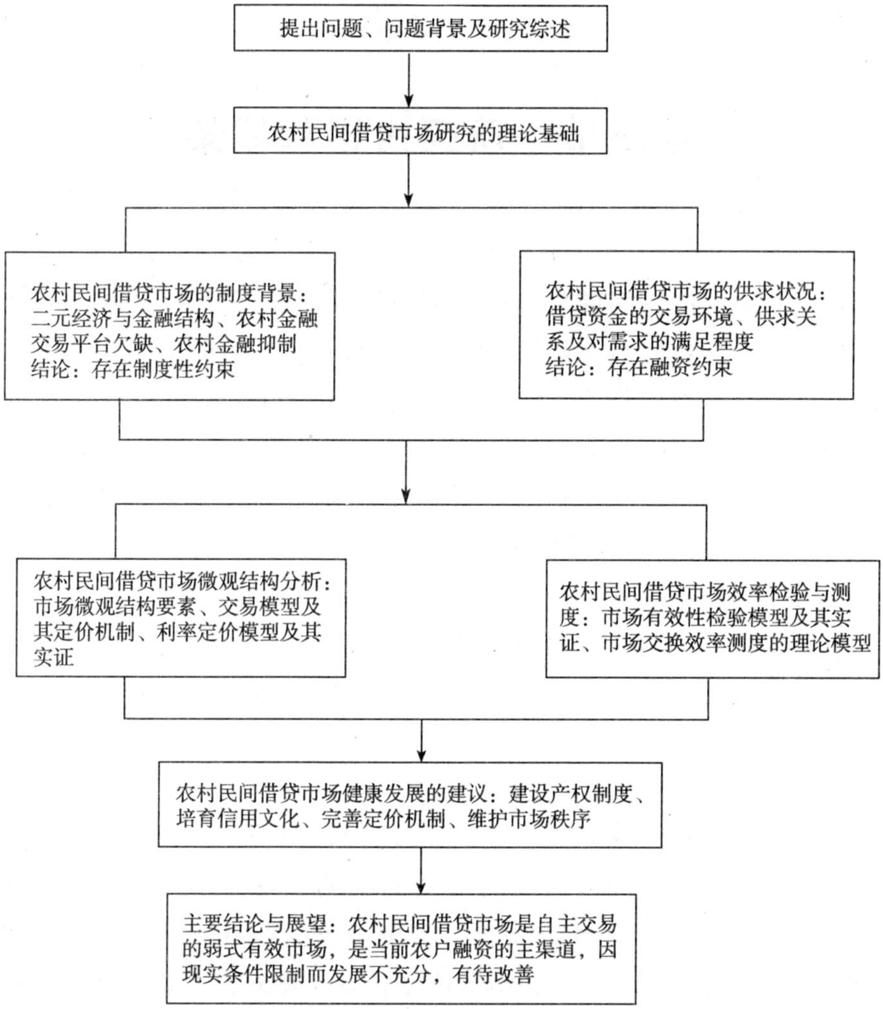

图 1-1　本书研究工作的技术路线

了在公共信息和私人信息影响下的市场利率形成方式，结果显示出正规金融机构利率、零售物价指数和农村居民人均纯收入等公共信息对该市场利率的影响作用以及借贷双方各自的私人信息对借款人出价和贷款人报价的影响作用。

第六章对农村民间借贷市场的市场表现进行评价，从信息效率的角度对其市场有效性进行经济计量检验，得出该市场为弱式有效市场的结论，并建立了市场交换效率测度的理论模型。

第七章探讨农村民间借贷市场健康发展途径。农村民间借贷市场发展是一个系统工程，它既需要整体推进，又需要着重解决关键问题，创造发展的基本条件，主要是建设产权制度、培育信用文化、完善定价机制、维护市场秩序。最后，概括了本书研究的主要结论，对农村民间借贷市场研究提出展望。

需要说明的是，本书研究的农村民间借贷市场的市场效率包括两方面内容：①市场的信息有效性，反映市场价格发现功能。②市场的交换效率，反映借贷资金供求匹配的能力，本书特别关注现实市场上农户融资需求的满足程度。根据研究工作的需要，将这两方面内容分别在不同的工作环节进行研究：对市场有效性的检验，在第六章进行；对市场交换效率的测度，在第六章进行；反映现实市场上农户融资需求的满足程度的相关分析，在第三章进行。

第四节 研究方法和调查设计说明

一、研究方法

本书采用经济学实证研究与规范研究相结合的方法，在相关经济学理论指导下建立利率定价模型和市场效率检验与测度模型，使用实地调查数据进行实证分析，在必要情况下进行逻辑分析。

二、调查设计说明

本书数据来源于实地调查工作，这项工作在广东省农村地区展开，选择这一地区的原因是它的经济发展水平相对全国而言处于较高位置，而且地处中国经济发展中诸多改革领域的前沿，在一定程度上反映中国农村经济发展的趋势。调查工作受到客观物质条件限制而不能在全国范围内充分展开，只能作出上述现实选择。

调查工作于2009年10月至2010年5月分两次展开，对广东省各地乡镇中约60个自然村，在方便抽样原则下选取发生过民间借贷的农户作为样本，一村至少一户进行入户问卷调查。第一次调查收回问卷57份、第二次调查收回问卷160份，两次调查问卷中整理出数据完整的问卷93份。[①] 为保证调查问卷的有效性，调查人员对作为调查对象的农户逐户辅导，确保其理解调查问卷上的问题。本项调查工作的任务集中在掌握农村农户家庭融资情况，特别是针对农户民间借贷行为进行的问卷调查上，以期深入了解广东农村民间借贷形式及民间融资活动的重要经济特征。本项调查工作使用的调查问卷由本书作者设计，具体样式见附录。

本书使用的其他数据，一般取自正式公布的数据，如国家统计局网站、各种统计年鉴上的数据等，具体的数据来源分别注明了最后出处。

第五节　可能的创新点

本书研究工作中的创新点是：

（1）将金融市场微观结构理论和市场效率理论运用于中国农村民间借贷市场研究，对该市场交易机制及市场表现的核心经济特征进行经济学分析和经济计量研究。选取这一研究视角并采用这种理论方法，在国内相同领域的研究中尚属首次。

（2）对农村民间借贷市场制度背景和供求状况的分析显示：二元经济增长模式下金融资源配置方式、农村金融交易平台欠缺等因素造成其市场发展的制度性约束；借贷交易中缺乏信用识别与风险控制技术、借

① 广东省社会科学院与高校合作资助研究项目《发挥民间融资在广东农村经济发展中的作用》（2009年6月立项，项目号：09KH03）所做的实地调查，本书调研数据取自此实地调查的结果。

贷资金供给的机会成本提高等因素导致农户借贷资金供给与需求比例失调，农户融资计划得到满足的资金比例平均为83.93%，显示其存在融资约束。

（3）对农村民间借贷市场微观结构进行分析，探讨其核心交易机制，分别对借款人和贷款人以及市场交易价格建立利率定价多元回归模型并进行实证。模型设定农村CPI、正规金融机构的同期贷款利率、农民家庭人均收入作为公共信息变量；设定借款人的还款来源、借款用途和储蓄能力，贷款人的生产经营资金投资力度、贷款用途和储蓄能力作为私人信息变量。结果显示，市场交易价格模型方程在F-检验的1%水平上显著，其他模型具有R^2的统计显著性；反映借款用途的变量在10%水平上显著，其他变量均在5%水平上显著。这说明该市场利率能够反映公共信息的影响，借款人和贷款人的利率定价也反映了各自私人信息中风险和能力因素的影响，可知农村民间借贷市场是借贷双方自主交易的民间金融市场，其利率定价基本市场化。

（4）对农村民间借贷市场的市场效率进行研究。首先，采用单位根方法检验市场价格时间序列的平稳性，结果显示，价格序列在1%水平上的随机游走假设成立，即农村民间借贷市场的信息效率达到弱式有效。其次，利用市场效率的"短边"规则，引入贷款人贷款资金量和借款人借款资金量及其他相关资金比例变量，建立该市场交换效率测度模型，从理论上评价这个非出清市场的交换效率。

第二章　农村民间借贷市场研究的理论基础

市场微观结构理论和金融市场效率理论是本书研究工作的理论基础，本章介绍它们的基本概念体系构成和理论框架，以及本书运用其理论思想研究中国农村民间借贷市场相关问题的方法。

第一节　本书研究工作选择的理论工具

本书运用市场微观结构理论和金融市场效率理论进行中国农村民间借贷市场的应用研究。选择该经济学理论作为本书研究工作的理论工具，是因为：

(1)市场微观结构研究的兴起是近40年来金融经济学领域最具开创性的发展之一。传统的金融市场理论一直将金融资产价格作为一个宏观变量加以考察，自德姆塞斯的研究论文《交易成本》发表后，理论界对金融资产价格的研究视角发生了重大变化，从研究宏观经济现象转为关注金融市场内在的微观基础，金融资产价格形成被描述为经济主体最优化规划其个体经济利益的结果。这种转变意味着：①由于金融资产价格是由市场交易主体和交易机制决定的，因而对市场交易者的交易行为研究和对市场交易机制研究，能够更加具体地考察价格的形成过程。②由于这种研究能够将市场交易者行为进行加总而形成市场行为，这样从市场上个体交易者的决策行为出发就可以进一步预测市场上金融资产价格的变化情况。可见，金融市场微观结构的核心功能就是价格发现，即显示市场如何利用公共信息和交易者私人信息来决定一种市场交易工具或金融资产的价格。由此，金融资产的价格形成成为一个具体的过程，对它的认识可以由此深入而且清晰，而不再停留在宏观的、抽象的层面，进而对金融市场的认识更加深入，这必然有利于金融市场的完善发展及其金融功能的充分发挥。这种思想对认识中国农村民间借贷市场的经济特征的理论研究、促进市场健康发展的实践工作具有重要指导价值。

（2）金融市场效率理论或有效市场假说是现代资本市场理论的重要基石。在有效资本市场理论中，"有效"在多种场合被用于描述资本市场的运作特征，"一个资本市场如果在确定资产价格中能够使用市场所获得的全部信息，则它从信息角度上说就是有效率的"。[①] 进而理论上按照信息在资产价格上的反映程度，将金融市场效率状态划分为三个层次，并且认为在一个信息有效率的金融市场上，所有市场交易者的信息都可以进入价格决定的过程，因而市场价格的变化是不可预测的。这种思想对金融市场理论研究和投资实务领域产生了巨大影响，在当前中国积极发展完善金融市场的过程中，对农村民间借贷市场效率的研究借鉴这种思想同样具有重要现实意义。

在本书研究工作中，运用上述理论思想进行研究的理论方法是：

（1）对中国农村民间借贷市场的微观结构进行分析，核心工作是对市场利率定价进行实证分析，分别对市场交易者双方在公共信息和私人信息作用下的利率定价模型进行经济计量分析。

（2）对中国农村民间借贷市场的市场效率进行研究，核心工作是对市场有效性进行检验和对市场交换效率进行理论测度。

---

① 斯蒂芬·A.罗斯："金融"，《新帕尔格雷夫经济学大辞典》中文版第二卷，经济科学出版社，1996。

第二节　市场微观结构理论的基本框架

一、市场微观结构理论的概念体系构成

市场微观结构指证券价格的发现形成过程和运作机制。江曙霞等(2006)将证券市场微观结构具体化为证券价格形成过程中的微观因素,包括交易工具、证券市场参与者、交易场所和交易制度。坎贝尔(J. Campbell,1997)认为,市场微观结构有狭义和广义之分,狭义的仅指价格发现机制,广义的是指各种交易制度的总和,包括价格发现机制、清算机制、信息传播机制等。一般认为,市场微观结构由五个关键元素组成:技术、规则、信息、市场参与者和金融交易工具。市场组织者的主要作用是将这五个元素合理地组织起来发挥市场的最大效能。市场微观结构理论认为,如果市场组织者改变上述五个关键元素中的一个或者多个,这种改变的有效性可以通过评价新的市场组成是否降低了市场风险和交易成本、是否提高了市场效率来衡量。

市场微观结构包括与市场交易价格形成有关的微观因素,即市场交易者、交易所的组织形式、交易规则等。市场微观结构理论研究在特定交易机制下资产交易的进行过程:一方面研究买卖价差与成交价格形成过程,关注特定的市场结构与交易机制如何影响价格形成;另一方面研究具体的交易过程,包括交易信息的产生和传播、交易指令的落实、价格变化的分布、市场管理和放松管制的效果。其中,买卖价差和成交价格形成过程构成市场微观结构理论的研究基础,而市场微观结构理论又构成市场设计的理论基础。20 世纪 90 年代以后,市场微观结构的研究主要集中在不同市场结构对价格形成的影响以及对不同市场结构下价格形成机制进行的实证检验上。这些市场微观结构与设计的理论与经验

研究，对各国金融市场交易机制的改革起到了直接或间接的推动作用。

坎贝尔（1997）认为，市场微观结构包括两个层面的内容：一个是静态层面，指技术、规则、信息、市场参与者、金融工具等基本要素，以及这些要素结合在一起所形成的各种交易制度；另一个是动态层面，指这些基本要素之间相互作用和交易者之间相互竞争从而将信息融入价格的过程，这个动态过程就是传统经济学理论所忽视的“黑箱”。市场微观结构理论的研究内容主要包括三个方面：①买卖价差的存在及其构成，以及资产价格和收益率的影响作用。②当原来人们假设连续的状态变得不连续时会产生什么样的影响，以及对效率市场假设、资产定价模型造成的影响等。③如何将不连续的状态用一定的模型进行描述和分析。

奥哈雷（O'Hara，1995）认为，市场微观结构理论主要包括以下研究内容：①价格决定理论，包括交易费用模型和信息模型。②交易者的交易策略研究。③价格序列的信息含量分析。④交易机制的分析与选择，舒贝克（1999）认为，如果在市场交易中每个交易者只采取单一行动，如买者出价—卖者报价的方式交易，那么这就是简单的市场机制。

迈德哈万（Madhavan，2000）认为，市场微观结构理论研究的问题可以分为四类：价格形成与发现、市场结构与设计问题、信息与披露、市场微观结构与其他金融理论交叉形成的信息问题。信息与披露问题本身属于市场的结构安排，而市场微观结构与其他金融理论分支交叉形成的信息问题则可以纳入价格形成机制中进行考察。研究认为，目前市场微观结构理论研究的问题主要集中在以下方面：①价格形成和价格发现，包括静态和动态层面。②市场结构和制度，包括价格形成和交易规则的关系。③信息和披露。④微观结构与其他金融领域的交叉，如公司财务、资产定价和国际金融等领域。

总之，市场微观结构理论为了解市场价格形成过程、进行市场设计和组织以促使市场效率优化等目标提供了理论帮助。它的概念体系由以下几个部分构成：

1. 市场微观结构组成

市场微观结构由五个关键部分组成，即五个要素：技术、规则、信息、市场交易者和金融工具，它们构成市场的基础。

2. 交易制度

市场微观结构的核心内容是其交易制度，它是市场的交易系统、交易机制和微观结构组织规则的总和。它的主要功能是将市场交易者的潜在需求转为实际交易，在这个过程中，交易价格的形成即价格发现是其关键环节。现有的研究结果表明，各种交易制度允许的指令类型、交易发生时间、所获得的信息以及市场流动性各不相同，不同的交易制度对价格形成过程的作用不同。交易制度有不同的分类法，按交易的驱动类型通常分为报价驱动交易（做市商制度）和指令驱动交易（连续竞价和集合竞价）两类；按交易连续与否又分为连续交易制度（连续竞价、做市商制度）和定期交易（集合竞价）制度。在价格发现功能上，采用集合竞价的方式确定开盘价格要比采用连续竞价的方式更能反映真实价值；集合竞价和连续竞价形成的价格又比做市商制度更能反映真实价格；而做市商制度能提供更好的市场流动性。格罗士顿（Glosten，1989）在理性预期的框架下分析了连续报价驱动系统和指令驱动系统两种交易制度下价格的形成，指出在能够自由选择成为做市商的条件下，连续报价驱动系统和连续拍卖系统是等价的，定时拍卖市场价格发现的效率最高。刘逖（2002）将交易制度看作交易得以实现的市场架构、规则和制度，将与交易价格形成过程有关的微观因素看作市场微观结构，如市场的参与者、交易场所的形式（如交易大厅、电子无形市场）和交易规则（如撮合规则、交易信息大厅、交易信息披露、价格稳定措施）等。也有国内学者认为广义的交易制度就是市场微观结构的所有组成部分，包括它的全部五个要素；狭义的交易制度特指市场交易规则和保证规则实施的技术，以及规则和技术对定价机制的影响。

市场的交易制度一般包括以下内容：

（1）价格形成机制。它决定了市场的交易类型或交易模式。价格的形成可以有很多种方式，如买卖双方随机地相遇并一拍即合或者经过讨价还价后缔结交易合约、否定原先的定价而回到市场上重新议价、通过拍卖的竞价方式定价、在证券交易所还可能采取双重拍卖方式定价等。在实际的买卖交易中,存货成本、运输成本、交割时产生的时滞等现实情况都有可能修改定价过程。市场交易的信息可用简单概念来描述,如商品名称、数量、出价、报价、成交价格、成交量等。市场本身可以被理解为集合了所有交易者的信息,并确定最终市场成交价格和成交量的交易机制。交易者的市场行为,就是传递涉及不同价格上商品数量的出价与报价的信息。市场微观结构组成和市场交易制度共同作用的过程就是价格形成过程,这是市场微观结构理论研究的核心内容。

(2)信息披露机制。信息披露主要指市场交易信息的披露、传播、传递。交易者一般根据当前的信息披露情况做出投资决策,根据交易后的信息披露了解成交情况以及做出下一步投资决策。信息披露需要明确三个重要事项:信息向谁披露、披露什么以及何时披露。信息掌握程度的不同直接影响交易决策的结果,进而影响交易价格的形成。

(3)价格稳定机制。指维持价格相对稳定、防止价格大幅波动的市场措施。目前各国金融市场经常采用的价格稳定措施有设定价格上下限、涨跌幅限制、断路器措施以及最大升降档位限制等。

(4)风险控制机制。指对市场交易过程的各种风险的防范与处理措施。

(5)交易结算机制。指价款的清算和合约到期交割的过程。

3. 市场表现

最理想的社会总体市场是整个社会福利最大化的市场。一个体现公共利益的市场应满足三个条件:①能实现权威的、可信的价格发现。②能进行广泛的、有效的价格传播。③可有效地进行市场风险管理。前两个条件涉及市场效率问题,第三个条件涉及市场风险管理问题。因此,判断市场微观结构优劣及其市场组织是否合理,可以通过市场效率测度和市场风险评价来实现。

二、金融市场均衡定价的理论模型

金融市场的基本功能是促进储蓄资金从储蓄盈余部门向储蓄赤字

部门流动，即进行调剂余缺、互通有无的资金融通。配置资金的主要依据是资金在不同使用方向或用途上的价格即利率，经济中储蓄资金的分配主要是通过利率实现的。价格形成机制，即利率机制是金融市场上实现金融资产和金融工具供求平衡的基本机制。按照市场均衡的新古典可贷资金理论的观点，储蓄是放弃的当前消费，是可贷资金的来源，投资则是资金的运用，市场交易的实际含义就是使交易者能够对当前消费权和未来消费权进行交换，以获得当前和未来消费需求的最大满足（费雪，1930）。利率是衡量当前消费权相对于未来消费权的价格，它由金融市场上的供求力量相互作用决定，而市场均衡取决于当前消费权与未来消费权的供求力量对比。市场均衡过程中最基本的经济行为是套利（瓦里安，1987），随着市场交易者寻求套利机会的努力持续进行，金融市场上各种金融工具的价格也在进行相应调整，直到市场上的套利机会被用尽而至消失，金融工具价格则达到市场均衡，由此，套利被视为引导金融工具价格形成的市场力量。同时，均衡市场利率反映了所有交易者根据各自的生产机会和效用偏好进行借贷，使市场在该利率下愿意贷出的资金量等于愿意借入的资金量，市场处于均衡状态；而一旦有新的市场因素改变了这种力量对比，则原来的均衡利率旋即改变。实际上，交易者对市场变化和对金融工具预期收益的预期差异，以及他们各自的效用偏好差异，都是对市场利率结构产生重大影响的因素（范霍恩，1998）。

金融资产是持有者对经济中其他经济主体的债权，持有它是为了取得它所能提供的收益，或者作为价值贮藏手段实现资产保值。金融资产价格与利率的市场均衡结构，是经济中所有经济主体的净财富、收入、预期和效用函数综合作用的结果。由于不同的经济主体对资产收益、市场风险以及交易成本的评价不同，他们对不同金融工具的认识就会不同，进而在金融市场上做出不同的交易决策以追求各自的效用最大化。另外，在金融市场上需要融入资金的交易者之间则需要根据自己能够提供的预期支付收益来竞争资金，这样的竞争和相互作用推动市场利率不断进行调整，以便实现市场出清，最终形成市场均衡利率。可见，均衡利率是经济中所有经济主体相互竞争作用的最终结果。

1. 瓦尔拉斯均衡下的金融资产定价模型

在金融市场均衡状态下，交易的金融工具的总需求量等于发行的总供给量，金融资产的需求总量等于供给总量，市场上不存在超额的供给量或需求量，同时，储蓄资金实现了最理想的配置，此为市场出清的“瓦尔拉斯均衡配置”。

采用新古典经济学的理论方法，静态地看，假设经济主体可以持有货币、金融资产和实物资产，还可以发行债券或承担负债。经济主体以净财富和收入为限制条件，根据实现总效用最大化的原则来决定其货币、金融资产和实物资产的持有量、负债的发行量和当前消费量。在均衡状态下，经济主体各项安排的边际效用相同，下列等式成立：

$$\frac{MU_{货币}}{P_{货币}}=\frac{MU_{金融资产}}{P_{金融资产}}=\frac{MU_{实物资产}}{P_{实物资产}} \tag{2-1}$$

如果没有满足式（2－1），则通过把边际效用与价格之比较低的资产转换成边际效用与价格之比较高的资产，经济主体就可以提高总效用，而且，通过这种转换最终实现均衡，此时边际效用与价格之比等于常数，称作货币的边际效用。

按照上述假定，将经济主体可以进行的选择分别表示为：

M = 货币

F = 金融资产

R = 实物资产

D = 发行债券或承担负债

在任何时点上，经济主体的选择都受到其财富和收入净值的限制。令 NW = 净值，则下列等式成立：

$$M+F+R-D=NW \tag{2-2}$$

假设经济主体持有的金融资产 F 中包含 n 种产品，f_i 表示第 i 种金融资产的数量，价格为 p_{fi}，则 $F=\sum_{i=1}^{m}f_ip_{fi}$。

假设经济主体持有的实物资产 R 中包含 m 种产品，r_j 表示第 j 种实物资产的数量，价格为 p_{rj}，则 $R=\sum_{j=1}^{m}r_jp_{r_j}$。

假设经济主体发行的负债 D 中包含 h 种产品，d_k 表示第 k 种负债的数量，价格为 p_{dj}，则 $D=\sum_{k=1}^{h}d_kp_{dj}$。

于是有下列等式成立：

$$M+\sum_{i=1}^{n}f_ip_{fi}+\sum_{j=1}^{m}r_jp_{rj}-\sum_{k=1}^{h}d_kp_{dj}=NW \tag{2-3}$$

经济主体的效用函数为：

$$u(x)=u(M,F,R,D) \tag{2-4}$$

经济主体在净值的限制条件下，努力实现效用最大化，其目标函数为：

$$\max\ u(x)=u(M,F,R,D) \tag{2-5}$$

约束条件为式(2-3)。

经济中所有的经济主体按照式(2-5)努力实现效用最大化的行为，决定了整体经济中实物资产和金融资产的价格。

借助上述模型，在简单的市场交易模式下，如不存在卖空和交易成本的情况下，假设经济主体能够投资的金融资产只有一种，为固定收益债券或者贷款；能够发行的负债也只有一种，亦为固定收益债券或者贷款，均不支付任何中期利息，则经济主体持有的金融资产的数量受到同一时刻其财富净值和负债数量的影响。

引入拉格朗日乘数 λ，则有：

$$\max\ Z=u(M,F,R,D)+\lambda(NW-M-fp_f-r_jp_{rj}+dp_d) \tag{2-6}$$

因为存在 $f\geqslant 0$ 及 $d\geqslant 0$，金融资产和负债的均衡条件为：

$$f\left(\frac{\partial U}{\partial f}-\lambda p_f\right)=0 \tag{2-7}$$

$$d\left(\frac{\partial U}{\partial d}+\lambda p_d\right)=0 \tag{2-8}$$

在上述模型中引入未来的不确定性风险概念，则经济主体必须考虑未来取得收益的可能区间。假设经济主体未来 $t+1$ 时刻面对 s 种不确定的状态($a=1,2,\cdots,s$)，给定经济主体面对不确定状态的概率分布 $\pi=(\pi_1,\pi_2,\cdots,\pi_s)$，即有 s 种预期，各种不确定性状况下出现的结果为 x，它是随机变量，但是各状态 a 对应的结果 x_a 是一定的，$u(x)$ 表示各种结果实现时经济主体的效用水平，其期望效用为：

$$Eu(\pi) = \sum_{a=1}^{s} \pi_a u(x_a) \tag{2-9}$$

相应地，经济主体实现效用最大化的目标函数为：

$$\max\ Eu(\pi) = \sum_{a=1}^{s} \pi_a u(M_a, F_a, R_a, D_a) \tag{2-10}$$

尽管这个理论模型构造简单并且假设严格，但它很清楚地反映了金融市场均衡的基本要求，即金融资产需求总量等于负债发行总量，市场出清的利率是市场中的经济主体追求个体效用最大化行为导致的均衡结果。

2. 非瓦尔拉斯均衡定价模型

设一个只有一种商品交易的商品市场中有 n 个交易者，记作 $i=1, 2, \cdots, n$。起初交易者 i 持有货币量 $\overline{m}_i \geqslant 0$，持有实物商品数量 $r_i \geqslant 0$。交易者 i 在这个商品市场上可能购买这种商品的数量为 $b_i \geqslant 0$，出售的商品数量为 $s_i \geqslant 0$，定义 $z_i = b_i - s_i$ 表示交易者 i 对此商品的净购买量，交易的价格为 p。交易完成后，交易者 i 最终持有的实物商品数量 x_i 和货币数量 m_i 分别为：

$$x_i = r_i + z_i$$

$$m_i = \overline{m}_i - pz_i$$

后一个方程式其实就是传统的消费者预算约束方程式。

假定交易者 i 的效用函数为 $U_i(x_i, m_i) = U_i(r_i + z_i, m_i)$，这里将交易者持有的货币量引入其效用函数中来。

如上所述，在讨论非出清市场的过程中，必须考虑交易者在成交之前向市场传递的需求信号和供给信号，它们近似地反映了交易者单方面所希望的交易量，但是它们与真正成交的交易量之间存在差异。从市场交换的角度来看，交易者希望的供给量 $\tilde{s}_i$ 与实际成交时实现的供给量 s_i、希望的需求量 $\tilde{b}_i$ 与实际成交时得到满足的需求量 b_i，它们彼此并不必然匹配，只有成交的那部分供给量和需求量相等。由起初任意可能不相匹配的需求量和供给量出发，通过市场的交换过程最终实现成交后，产生部分供给与需求相等的市场结果，这个交换的过程以及最终实现交易的商品供求匹配的结果，取决于交易市场特定的市场组织结构。

对于交易者来说，如果没有被迫购买超过其所希望的商品数量、没有被迫出售其所希望供给的商品数量，即存在 $b_i \leqslant \tilde{b}_i$，$s_i \leqslant \tilde{s}_i$，对于市场上所有的交易者 i 都成立，则称这样的市场上存在自主交易。特别地，当成交的交易量小于希望的交易量时，称这样的交易为受配给的交易，称这样的交易者为受配给的交易者。

理论认为，如果不能在市场上同时发现一个受配给的需求者和一个受配给的供给者，则市场被认为是有交易效率的。这个观点的直观思想是，在一个有效率的、有组织的市场上，所有互利的交易都能够成交，受配给的买方和卖方能够通过在市场上搜寻交易机会直至其中的一方突破配给限制。这就是市场效率中的“短边”规则，即市场中处于短边的交易者能够实现其所希望的交易量。这个规则意味着，一个有效率的非出清的市场上，总的交易量（交易规模）应该等于总需求和总供给这二者中间的最小值。通常一个小规模的、分散的市场比较容易满足这个市场效率的假设。

在存在配给的市场上，若交易者不能通过增加其需求或供给来提高其交易量，则这个市场被认为是不可操控的市场，它的交易可能避免“过度要价”、“恶性竞争”等非正常价格策略。设 $\bar{b}_i$ 表示市场所能够给予满足的需求量，即有供给相匹配的那部分需求；设 $\bar{s}_i$ 表示市场所能够得到实现的供给量，即有需求相匹配的那部分供给。$\bar{b}_i$ 和 $\bar{s}_i$ 被称作交易者 i 在市场中能够预见到的约束，这里表现为在市场上除价格信号之外的商品数量信号。则不可操控的市场满足：

$$b_i = \min(\tilde{b}_i, \bar{b}_i)$$

$$s_i = \min(\tilde{s}_i, \bar{s}_i)$$

交易者的交易量实际上被限定在特定的约束所决定的范围之内，这个范围可以表示为：

$$-\bar{s}_i \leqslant z_i \leqslant \bar{b}_i$$

交易必须符合个人理性，即交易的目标是在预算约束和数量限制的条件下实现交易者的效用最大化。

如果假定每一个交易者 i 都单独地控制着一个商品子集的价格，单独地构成市场的一方，在形式上表现为卖出时的卖方垄断者、买入时的买方垄断者，那么，这个交易者能够控制价格向量 p_i，为其定价；同时，将其余商品子集的价格视为既定，即接受其他商品垄断者的定价 p_{-i}。这个均衡结构成为一个与垄断竞争思想相对应的价格纳什均衡，各个定价者利用自己控制的价格议价权来应对其所面对的数量约束，定价者 i 能够销售出的最大数量就是其他交易者的总需求量，若其为一个购买者，则其能够购买的最大数量是其他交易者的总供给量。

实际上，每一个交易者都不知道市场上客观的供给曲线和需求曲线的真实参数，只能够通过市场观察到的价格、数量等有限信息对其进行估计，从而得到主观的供给曲线和需求曲线。设 θ_i 为交易者 i 由观察到的市场价格和数量信息加以估计得到的参数，反映他所能够感知到的关于市场的主观需求曲线或供给曲线的位置、弹性等信息。这里，交易者 i 在自己所能控制定价的市场上成为垄断定价者，他所能控制的最大销售量 $\overline{S}_i$、销售定价 p_i 之间的关系设为 $\overline{S}_i(p_i,\theta_i)$；他所能控制的最大购买量 $\overline{D}_i$、购买价格 p_i 之间的关系设为 $\overline{D}_i(p_i,\theta_i)$。

在上述假设条件下，可将价格形成过程表达为：

交易者 i 在市场中面对价格 p 及其约束 $\overline{b}_i$ 和 $\overline{s}_i$，将选择价格 $\overline{p}_i$ 以最大化其效用，即下列最优化问题中 p_i 的解 p_i^*：

$$\max\ U_i(r_i+z_i,m_i) \tag{2-11}$$

$$\text{s.t.}\quad m_i=\overline{m}_i-pz_i$$

$$-\overline{s}_i\leqslant z_i\leqslant\overline{b}_i\text{，在交易者 } i \text{ 未控制价格的其他商品市场上}$$

$$\overline{S}_i(p_i,\theta_i)\leqslant z_i\leqslant\overline{D}_i(p_i,\theta_i)\text{，在交易者 } i \text{ 控制价格的商品市场上}$$

上述定价者的均衡包括均衡价格 p_i^* 及均衡交易量 z_i^*，即在既定价格条件下交易量达到的最优水平，此时定价者不再去改变价格了。

以上即是市场非出清情况下的非瓦尔拉斯均衡定价模型。

到目前为止，所建立的非瓦尔拉斯均衡定价模型是一个在考察期内的均衡架构，这隐含着一个短期均衡。而交易者更为一般地需要对当前和未来时期的交易作出规划，因而引入预期因素十分必要，它使未来时期的价格—数量预期与市场过去和当前时期所接受的所有价格—数量信息相联系。对未来时期的交易预期,对价格接受者而言表现为价格或数量约束,对价格制定者而言表现为预期市场的需求曲线。这时,需要对交易者的效用函数重新定义,将上述均衡框架中的单时期效用函数扩展为交易者在当前和未来两个时期进行的交易规划。下面用字母上标 e 来记未来时期的有关变量以表示其为预期值,则交易者 i 在当前和未来消费的效用函数表示为:

$$V_i(x_i, x_i^e)$$

每一个交易者会对自己在未来时期可能面对的价格和数量约束作出预期,一般情况下预期取决于截至当前所有能够获得的信息,包括市场本身的微观因素和影响市场的外部相关公共信息因素。这里具体地将预期 σ_i^e 表示为取决于当期相关信息 σ_i 的函数,记作:

$$\sigma_i^e = \phi_i(\sigma_i) = \{p_i^e, \bar{b}_i^e, \bar{s}_i^e\} \qquad (2-12)$$

式(2-12)的实际含义是,交易者 i 的预期 σ_i^e 是其预期的市场价格 p_i^e、预期的市场需求量约束 $\bar{b}_i^e$ 和供给量约束 $\bar{s}_i^e$ 的函数。

将包含预期因素的交易者 i 的效用函数记作:

$$U_i(x_i, m_i, \sigma_i^e) = V_i(x_i, x_i^e) \qquad (2-13)$$

这时交易者 i 所面对的价格体系 p_i^e(向量),与其所对应的市场成交的商品数量 z_i^e(向量)的乘积,受到交易者 i 的预算 m_i 约束,即存在 $p_i^e z_i^e \leqslant m_i$的约束。

同时交易者 i 预期的未来成交量 z_i^e 仍然受到预期的市场需求量约束 $\bar{b}_i^e$ 和供给量约束 $\bar{s}_i^e$,即存在 $-\bar{s}_i^e \leqslant z_i^e \leqslant \bar{b}_i^e$ 的约束。

由此设计的包含预期因素的非瓦尔拉斯均衡定价模型为:

$$\max\ U_i(x_i, m_i, \sigma_i^e) \qquad (2-14)$$

$$\text{s.t.} \quad p_i^e z_i^e \leqslant m_i$$

$$-\bar{s}_i^e \leqslant z_i^e \leqslant \bar{b}_i^e$$

交易者 i 预期的未来成交量或均衡交易量 z_i^e 能够满足其预算约束下的效用最大化目标要求,其中,z_i^e 为上述最优化问题的解 z_i^{e*}。

第三节　金融市场效率理论的基本框架

金融市场效率理论主要对金融市场表现进行评价。对市场效率的研究起源于法国数学家巴施利耶(Bachelier,1900)的开创性研究和考尔斯(Cowles,1933)的实证研究。现代市场效率的研究始于萨缪尔森(Samuelson,1965)的研究,后经法玛和马尔基尔(Fama 和 Malkiel)等人的进一步发展与深化,形成具有系统性、层次性的概念,并建立了一系列用于检验金融市场有效性的模型和方法,共同构建了有效市场假说理论。马尔基尔进一步阐述了"市场效率可通过向市场交易者披露信息并衡量证券价格的反应来检验"的思想,这几乎成为所有有关市场效率实证分析的思想基础。有效市场假说理论的着眼点是信息,萨缪尔森在《恰当预期价格随机涨落的证明》一文中强化了金融市场价格的随机性,"恰当预期"通常被理解为价格真正融合了所有市场交易者的期望和信息。法玛(1965)在《股市价格中的随机游走》一文中完整地讨论了有效市场假设,法玛(1970)指出:"价格总是'完全反映'可接受信息的市场称为'有效'的。""市场有效性假说背后的意义是,一般的投资者,无论是个人、退休基金还是信托基金,都不能长期'打败'市场,而他们为了进行分析、选择以及交易证券所投入的资源并不能为他们多赚一毛钱。"法玛(1992)认为,市场有效性假说的成立需要一个必要条件,即搜集信息的成本和交易成本都必须等于零,这就是说,只要收集和分析信息的边际成本不为零,市场不可能达到完美有效的地步。在实际的金融市场中,为实现交易而收集和分析市场信息的花费、缴纳的税收、使用交易平台时支付的租金等,都是交易成本的组成部分,它们都不可能为零,因此,格罗斯曼和斯蒂格利茨(Grossman 和 Stiglitz)指出,现实生活中,完美的效率市场是不存在的。但是,交易成本越低,市场交易者对同样信息所反映的价值的认同度越高,则市场效率的程度就越高。微观经济学理论认为,市场效率的程度将在收集和分析信息等的边际成本等于其边际收益时达到均衡。

1. 金融市场的有效性检验

这里,从有效市场理论的角度对市场的交换效率和信息效率进行检验。

(1)金融市场的交换效率。市场交易的基本现象是套利行为,“套利”意味着同样的或者本质相同的证券分别在两个不同的市场上同时进行交易,而在两个不同市场上的交易价格有差异。如果两种证券本质相同但价格不同,套利交易者可以对它们在两个不同市场上进行买卖,通过低买高卖从中套利,由此可见,套利交易者的出现能够令价格在不同市场上的差异逐渐减小,最后趋于消失,从而令市场上的套利机会消失。套利是金融市场实现均衡和决定利率的引导力量。在交易者寻求套利机会的过程中,金融市场上作为交易对象的证券的价格相应地进行着调整,促使供给和需求达到新的平衡,此时证券价格处于均衡状态,市场上的套利机会消失,即套利机会已经被套利者消除。在这种情况下,市场效率就意味着市场上不存在套利机会,这可以被理解为实现了市场交换效率。

(2)金融市场的信息效率。从经验角度看,市场有效性分析可以简化为一个基本问题:给定一个均衡市场模型,价格能够反映市场中的所有信息吗?回答这个问题需要对均衡模型有效性和价格反映一组信息的事实进行联合检验。金融市场上信息的功能与无套利假设相关,在无套利机会的金融市场上,资产的价格可以通过两个关键因素予以确定,即信息结构和股利过程。这时,无法根据前一个时点市场所披露的信息来预测后一个时点资产的超常收益,资产的期望收益率只能等于无风险资产的收益率。一般地,若一个信息集使未来资产收益异于无风险资产的收益率的预测无法成立,则资产价格反映了包含在该信息集中的信息,它们被称作关于该信息集是有效的,市场交易者无法建立起一个交易策略，使其能够获得超过市场的更高收益，在这种情况下，市场是有效的。罗伯茨(Roberts)把有效市场从信息集的角度在形式上分为三类，区分了三个不同层次的市场有效性：

第一类为弱式有效：信息集只包含价格或收益自身的历史(公共信息)，即包含价格和收益的时间序列，它使技术分析无效。

第二类为半强式有效：信息集包含所有对全部市场参与者都已知的信息(公开信息)，它使基本分析无效。

第三类为强式有效：信息集包含所有的公开信息和对某个市场参与者已知的信息(私人信息)，它使一切"黑箱操作"无效。

三种不同的信息结构与信息集密切相关，强式有效隐含半强式有效，半强式有效隐含弱式有效。

检验市场有效性的标准方式就是利用以上确立的三种信息集之一所包含的信息，建立一个收益超过市场均衡收益的交易策略，若这个策略存在，则认为这个信息未被资产价格所反映，说明这个策略能够预测未来的超常收益，则推论该市场的有效性不成立。在实证检验过程中，人们通常使用市场价格随机游走的概念来进行市场有效性检验模型的设计和数据分析，并据此对市场有效性假设进行统计推断。

20 世纪六七十年代对市场弱式有效性进行的检验取得正面证据，如杰森(Jesen，1978)的研究，对证券市场从业人员广泛采用的交易规则进行的分析为市场有效性提供了支持："我相信经济学中没有其他命题取得比有效市场假说更可靠的经验证据支持，该假说已经得到事实检验，例外情况很少，并且发现它与多种市场的数据相容。"这个时期得出的收益不可预测的结论实际上强调的是短期收益，实证研究基本上都显示了股价能够快速和准确地跟随市场中出现的新信息波动，市场不仅以有效的方式配置资源，而且还传递了私人信息，并且破坏了私人信息带来的竞争优势，阻止了可能由此产生的超常收益，因此，从信息的角度来看市场是有效的。法玛(1969)的研究对市场的半强式有效性进行了检验，有关一个公司分拆为两个或更多的公司的检验得出了正面结论，对公司兼并的检验也得出了正面结论。

学术界对市场有效性假说产生强烈的质疑是从德波特（DeBondt，1985）的研究开始的。他证明了过去 3 ~5 年最成功资产（收益大于市场收益）构造成的投资组合在未来表现差，而过去最失败的资产组合在未来市场表现好，并将这种情况归因于市场非理性。法玛（1998）的研究着眼于资产长期收益并观测到这种长期收益的可预测性，很多同类的检验市场强式有效的文献大多得出了否定的结论：市场是强式无效的，被私人信息证明为合理的交易策略能够产生超过市场正常收益的超常收益。一个经典的检验涉及经理人进行本公司资产的交易（成为内部人交易），在谢斐（Jaffe，1974）、赛霍恩（Seyhun，1986，1998）的研究中，交易本公司资产的经理人被证明事实上赚取了超常收益。

进一步的研究发现，即便大量文献证明了存在资产收益是可预测的情况，这个结论并不一定是由于市场无效率或者存在非理性人行为造成的，实际上，收益可预测还有可能是因为投资机会具有时变性以及行为人风险厌恶等原因造成的。另外，近年的研究如施莱弗（Shleifer，2000）提出了“非理性交易者”、“噪声交易者”等现象的存在对金融市场效率的影响问题；希勒（Shiller，2001）的《非理性繁荣》也基本上可以理解为是对有效市场假说的质疑，但这些研究都不能从根本上彻底否定有效市场理论。它有待进一步深化，需要进一步辨别有效市场的可能性和不可能性，一方面需要为有效市场理论提供微观基础，另一方面需要寻找市场无效的原因，包括资产的随机供给、私人信息观测成本高昂、存在不完全竞争等。

2. 金融市场的配置效率

这里，从金融市场的金融功能角度进行分析。范霍恩（Van Horne，1998）认为，金融市场的作用是将经济中的储蓄分配给运用资金进行实物资产投资或者消费的各方，它的目标是实现货币资金的有效配置，各方以最小的成本实现最大程度的满足。在现代经济中，有效的金融市场对促进资本形成作用重大。在没有金融市场的情况下，经济的私人部门储蓄只能通过现金余额积累而无其他途径，每一个经济单位只能按照各自的储蓄程度进行实物资产投资，经济单位的投资行为由此受到很大限制，一些有市场价值的投资机会可能因为难以通过储蓄方式迅速积累充足的投资资金而被推迟或者放弃；与此同时，储蓄积累的现金余额可能因为缺乏有价值的投资机会而被迫闲置，这两种状况下储蓄积累的资金都被错误地配置，资本形成是无效率的。如果储蓄资金盈余方和赤字方之间发生直接借贷行为，即储蓄资金供求双方采取直接贷款或通过贷款经纪人的方式进行融资交易，则为储蓄向投资的转化和资本形成提供了出路，使经济单位的实物资产投资突破自身储蓄额的限制，使储蓄资金从储蓄者向资金最终使用者直接流动，并且可以投向效率最高的用途，实现资金供求匹配，加速资本形成，提高资金的配置效率。同时，储蓄盈余单位的储蓄资金还拥有了除现金余额之外的出路——得到了获得预期收益的途径。

3. 市场效率的帕累托最优评价标准

这里，从帕累托最优的角度评价金融市场的效率。在分析市场的过程中需要评价市场的表现和结果，最优工具的代表是帕累托标准。

给定经济中有 L 种商品、I 个行为人，记 $e^i \in \Re_+^L$ 为行为人 $i(i=1,2,\cdots,I)$ 的商品禀赋，记 R^i 为其商品偏好关系，则该经济可通过 I 对 (R^i, e^i) 进行完整描述。

完全竞争市场是一种所有行为人匿名进行集中交易的市场，所有的交易者完全通过价格沟通，寻找交易机会并完成交易。在完全竞争市场上，均衡分析的结果是产生价格向量 p^* 使市场供给和需求平衡，这个价格向量 p^* 被称作均衡价格，这时成交的商品数量 x^* 称作均衡商品配置，一对 (p^*, x^*) 称作竞争均衡。这里，将配置定义为 $x=(x_1, x_2, \cdots, x_I)$，$x_i \in X(i=1,2,\cdots,I)$。若 $x_i \in X$，$\sum_{i=1}^{I} x_i \leqslant e = \sum_{i=1}^{I} e^i$，则确定配置是可行的。

经济学理论上建立下列帕累托标准对配置的效率加以评估：

给定商品的两个可行配置 x, y，当且仅当 $x_i R^i y_i(i=1,2,\cdots,I)$，且至少存在一个交易者 j，x_j 绝对优于 y_j 时，称 x 帕累托优于 y。由此定义帕累托最优配置:若不存在帕累托优于 x 的其他可行配置 y,则称配置 x 为有效配置,或称帕累托最优配置。帕累托最优配置集合构成的契约线可以通过具有两个行为人和两种商品进行交换的商品经济的埃奇渥斯盒状图加以描述。

假设经济中的行为人具有实质理性,即他在环境约束下能够以最适当的方式追求个人目标。在此基础上,设 $u(x)$ 为效用函数,则最能够反映行为人理性选择的商品向量就是在行为人预算约束下的效用函数最大化情况下得出的商品向量。约束条件为:

$$\sum_{i=1}^{I} x_i \leqslant \sum_{i=1}^{I} e^i \qquad (i=1,2,\cdots,I) \tag{2-15}$$

目标就是求解问题:$\max\limits_{x_i} u(x_i)$, $x_i \in X(i=1,2,\cdots,I)$。

它的解就是 x^*,为帕累托最优配置。这就是第一福利定理的基本思想。第一福利定理称,若(p^*, x^*)为竞争均衡且行为人偏好关系为严格单调的,则均衡配置 x^* 为帕累托最优配置。第一定理为市场存在看不见的手提供了支持,行为人在完全竞争市场中最大化其效用的结果是最终导致社会最优结局,即完全竞争市场的市场结果根据帕累托最优标准就是社会最优的结局。

帕累托最优资源配置的概念建立在三个假设的基础之上:①每个人都是自己福利的最权威判断者。②社会福利只是根据个人福利定义的,并且这些人的福利是相互独立的。③个人福利的变化建立在个人评估的基础上,不存在个人之间的效用比较,即个人福利是不可相互比较的。从这些假设条件可以看出,帕累托效率的评价事实上必然会涉及人们的主观价值判断,"福利上的增进",实质上就是指引这种福利增进的事实或行为是令人满意的。

事实上人们发现,从瓦尔拉斯的一般均衡理论到帕累托最优资源配置,社会最佳资源配置的边际条件从未得到明确说明,最优交换条件含糊不清。及至近代福利经济学的新进展,新古典微观经济学通常把最优配置定义为一种状态,在其中没有相互有利可图的交易可以安排,这种状态下的最优配置条件可以概括为实现了以下几方面的效率:①交换效率，由价格体系反映。②生产效率，由实现的生产可能性边界上的生产率反映。③产量构成有效率，由厂商投入生产要素的边际产品和消费者的边际替代率反映。④时间利用有效率，由资产的流动性和它的投资收益率之间的匹配关系反映。总之，这些边际条件中所包含的社会最优配置的观点，实际上假定了有效率的资源配置完全可以通过比较不同用途的产出价值来决定：任何要素或产品，从一种用途转换为另一种用途时，只有当它的产出价值发生改变，才会使福利发生变化。庇古的福利最大化黄金原则认为，实现福利最大化的条件就是在所有用途上所有资源的边际私人成本和边际社会成本都相等。

第三章　农村民间借贷市场的制度背景

中国农村民间借贷市场的发展有其特定的制度背景，本章着重从当前中国经济二元结构影响下的金融二元结构角度来分析其制度背景，揭示在这种制度背景下中国农村金融交易平台缺失的现状以及农村金融抑制现实。这样的制度背景影响着中国农村民间借贷市场的现实发展。

第一节　经济的二元结构

当前金融资源稀缺成为制约农村经济发展的"瓶颈"，农村经济存在较严重的金融抑制：一方面，因为国家政策和金融制度对源于农村民间的金融活动存在制度性硬约束，正规金融制度和政策曾一度制约正规金融机构向农村大规模融资，同时限制农村内部民间金融活动大规模发展，造成对农村外源性和内源性融资的双重阻断，客观上产生了两种结果：①农村外部的投资资金很难大规模快速进入农业生产领域。②农村居民收入在消费剩余之后形成的闲置资金，被当地正规金融机构以各种形式的储蓄从农村抽走。农村居民的闲置资金不能用于进行大规模民间集资和融通，这两种结果产生的深层原因是我国二元经济结构下的二元金融体制，它未能充分满足农村经济发展对货币资金的需求，对农村金融需求存在制度性忽视，从而使农村金融被以城市金融为主的现行金融制度边缘化。由于存在体制性阻挠和政策性束缚，造成大量农村民间资金被“捆住手脚”而存在融通障碍，致使农村内源融资存在种种困难。

一、二元经济增长模式下的金融资源配置方式

在中国现实的二元经济结构下，经济增长过程中金融资源的配置首要地用于满足国家工业化和城市化对金融资源的优先占用。中国经济体系结构的变迁，基本上体现了刘易斯（Lewis，W. Arthur，1954）在《劳动无限供给下的经济发展》一文中所提出的二元经济增长模式，即一国经济中现代工业和传统农业并存。经济的二元结构是发展中国家普遍存在的现象，对此，刘易斯的两增长阶段理论认为，二元经济模式条件下的经济增长一般分为两个阶段：第一阶段实现初始经济增长，这时大量劳动力从农业部门转移出来等待进入其他经济部门，出现劳动力蓄水池，使劳动力供给几乎成为无限供给；但是由于经济中可用于工业的资本不多，工业发展无力吸收全部从农业转移出来的剩余劳动力，并且总能在稳定的低工资水平上源源不断地得到劳动力供给，结果工业总产值中利润的增长速度大大超过工资的增长速度，出现一个资本迅速积累和迅速吸收农业剩余劳动力的过程，直到剩余劳动力吸收完毕。这一时期的增长是资本、劳动力等生产要素从生产率低下的农业部门向生产率较高的工业部门转移产生的，是一种非均衡增长。第二阶段，劳动力出现和其他生产要素一样的稀缺性，而不再是无限供给，劳动力蓄水池不复存在，因此，工资不再是固定不变的，稳定的低工资水平被打破，经济增长的成果以新的比例开始在劳动和资本之间重新分配，在经济的二元结构之间重新分配，这个阶段是均衡增长，它源于帕累托最优的实现。

我国早期为加快工业化进程实行了优先发展重工业的赶超战略。在经济发展起点低的背景下选择重工业优先发展的战略，遇到的主要困难是：①重工业建设周期与资本禀赋的矛盾。②重工业设备来源与国家外汇支付能力的矛盾。③重工业投资规模与资金动员能力的矛盾。为了解决要素稀缺与赶超战略目标之间的矛盾，国家实行中央集权的计划经济制度，通过指令性计划将稀缺的资金集中大量地投入工业领域。

1978 年后经济转轨时期推行的渐进式改革是政府主导进行的，并且遵循二元经济增长模式，在体制内的国有经济保持平稳增长的同时，体制外的非国有经济得到快速发展，由此打破了公有制经济一统天下的局面。国有经济成分是政府推进经济市场化改革的首要依靠力量，但同时放权让利的改革使收入分配向个人和企业倾斜，城乡居民收入迅速增长，企业留利也大大增加，非国有经济部门掌握的金融资产也随之增加，民间经济主体由此获得了资金积累的机会，资产的货币化程度不断提高，而由于人们对改革结果的不确定性预期，加快了居民储蓄存款存量的扩张，使此后通过金融机构动员居民和企业手中的民间资金成为可能。

尽管经济的二元结构制约着国家的金融制度和政策的制定与实施，但这个过程同时也为民间金融提供了生存空间。在以货币为媒介的现代市场经济中，资源配置主要由金融市场完成；在中国市场化经济体制改革过程中，金融成为经济资源配置的主要渠道：通过银行贷款的方式实现储蓄与投资的间接转换，通过股票市场融资方式实现的储蓄与投资的直接转换。这个时期政府加强对资金、金融市场和金融组织机构的管制，主要是为了实施对国有经济的金融支持政策，使金融资源为国有经济服务，推动国有经济增长带动整体经济增长的需要。相应地，政府采取的措施主要包括：①对金融市场准入实施管制，严格控制新的金融机构的市场进入，对体制内的金融组织及其机构进行规模扩张，以实现对金融资源的国家垄断。政府通过制定法律法规禁止私人从事金融业，1986 年 1 月国务院颁布的《中华人民共和国银行管理暂行条例》明确规定："个人不得设立银行或其他金融机构，不得经营金融业务。"对出现的民间金融机构如地下钱庄等予以取缔。这一限制直到 2010 年 5 月国务院颁布"新 36 条"才有所缓解。②对金融资源配置实施控制。信用集中于银行，而银行主要由政府控制，从而实行国有银行的信用垄断，非国有经济部门的大部分闲置资金流入国有银行并为国家所掌握，政府主要通过政策性信贷控制和信贷规模控制将金融资源导向国有企业，国有银行贷款的主要对象一直是国有企业，国有银行 80% 以上的信贷都分配给了国有部门，非国有经济部门获得的贷款只占不足 20%。③对资本市场进行政府干预。中国资本市场成立的主要目的是解决国有企业融资难问题。政府采取严格审批入市资格与政策倾斜支持的措施，通过证券发行动员并聚集资金，流向政府重点扶持的产业和企业，国家对金融市场的深度干预使非国有经济的发展受到资金短缺的严重困扰。

在上述经济和金融制度背景下，以正规金融机构为主导构建的金融市场，其金融功能尚不完善，大量农村农户未能通过正规金融解决资金融通问题，而需要到正规金融机构之外去自己寻找甚至创造新的机会和方法，帮助解决金融问题，农村民间借贷市场的存在是这种背景下的客观现实。

二、经济发展模式转变的现实要求

1.经济发展模式转型中“三农”发展对金融资源的紧迫需求

中国在经济发展模式转型过程中对“三农”发展提出了新的要求，从国家政策上确立了推进农村改革发展的总体思路，把建设社会主义新农村作为战略任务，把走中国特色农业现代化道路作为基本方向，把加快形成城乡经济社会发展一体化新格局作为根本要求，坚持工业反哺农业、城市支持农村和多予少取放活方针，推动农村经济社会发展。这是立足中国国情的必然选择，是统筹城乡发展、促进农业可持续发展的必由之路。在当前形势下，保持农村经济持续稳定发展，对于国家全局具有重大意义。保增长的基础支撑在农业，扩内需的最大潜力在农村，保民生的重点难点在农民。改善农民生活，大力促进农民增收，开拓农村消费市场，积极谋划促进农民增收的新思路，最大限度拓展农村内部增收空间。

经济发展给“三农”带来了新的发展机会的同时催生了“三农”对金融资源的紧迫需求。农业产业化市场化、农村基础建设、农户为增加收入向非农领域就业转移都迫切需要货币资金的启动和支持。农业经济增长模式正在发生深刻变化，农业生产要素投入由传统农业的劳动投入为主转向现代农业的依赖资金和技术投入，同时，农村信贷需求量日益扩大:①农业产业结构的升级,农村的二、三产业发展迅速。②涉农企业迅速发展。③从事农产品深加工的企业或大型农产品交易市场等农业产业化经营发展。④农村小城镇和基础设施建设开发,都需要大量固定资产投资和流动资金供给。

2. 正规金融对"三农"发展的金融支持

我国正规金融对"三农"的金融支持主要体现在向"三农"领域提供信贷资金,这是"三农"发展所需资金要素的重要来源。当前我国农业和农村企业的自我积累能力低,农民的生产投入能力低,资金短缺是农村经济发展中面临的长期困难,造成资金短缺与效益低下之间的恶性循环,农业现代化建设基本上无法通过农民自身积累资金的方式实现,需要借助于外来的资金支持,在我国金融制度的现实框架内主要依靠各种正规金融机构的信贷支持。

然而,正规金融机构支持"三农"发展的融资渠道狭窄,无论是通过银行信贷还是通过民间金融信贷,都属于债权债务关系下的信用活动,都是以偿还为条件的借贷行为,这是农村解决筹资需求的主要方式;而通过资本市场股权投资的方式筹集资金推动生产经营的情形相对较少。近年来,正规金融机构为农村地区提供的金融服务不能满足农户和农村中小企业的需求。正规金融机构从防范风险、提高收益的角度考虑,涉农贷款设置了较高的门槛,农户和农村企业很难达到抵押担保等方面的要求,从正规金融机构获得的农业贷款比重趋向下降。

3. 农业财政投入对"三农"发展的金融支持

农业受自然因素影响很大,生产周期较长,属于弱质产业。为了支持和保护农业发展,各国政府财政都对农业进行投资。政府财政投入是农业获得支持与保护的重要资金渠道。政府财政对农业投资的绝对规模可以用当年财政农业支出表示,政府财政对农业投资的相对规模可以用当年财政农业支出占财政总支出的百分比表示。1990~2006 年财政的农业支出绝对规模呈明显上升趋势,由 1990 年的 307.84 亿元上升到 2006 年的 3172.97 亿元,增长了 10.30 倍。但是,财政支农支出的相对规模却一直下降，从 1990 年的 9.98% 下降到了 2006 年的 7.85%，远远低于农业占国内生产总值的比重。这与农业对国内生产总值的贡献不相称。

4. 农业保险市场对"三农"发展的金融支持

农业的高风险和高赔付率使经营农业保险的收益持续下降，我国农业保险陷入了萎缩低迷的境地。我国农业保险费的占比在持续下降，2004 年降到0.36%，与 1992 年 4.2% 的占比相比，1992 年是 2003 年的 11 倍。相比较而言，农业险赔付占比却较高，农业保险为保障农村经济的发展和安定广大农民生活做出了积极贡献。但由于赔付率较高，经营农业保险长期亏损，各商业保险公司开始对风险大、亏损多的涉农业务进行调整，农业保险规模呈明显收缩趋势。

5. 农村社会保障

我国城市居民大多可以享受包括养老保险、医疗保险、失业保险、城市居民最低生活保障等社会保障制度，而占人口比例 63.8% 以上的农村居民基本上被排斥在社会保障体系之外。例如，政府投入的医疗资源向城市集中的趋势十分明显，卫生资源分配严重倾斜，使农民自费医疗的比率一直居高不下。国家卫生服务调查结果显示，1993 年和 1998 年农民自费医疗的比重分别为 84.1% 和 87.32%，2003 年农民个人卫生支出则上升到了 91%。受个人经济支付能力的限制，大量农村居民失去了基本的医疗卫生保障，约有 1/3 的患者因经济困难无法就诊。2000 年世界卫生组织对 191 个会员国进行了医疗卫生公平性评价，我国位列倒数第四。其中一个重要的原因就是绝大多数农民享受不到医疗社会保障且农村普遍缺乏基本的医疗条件，农户民间借贷资金的一个重要用途就是看病就医。

第二节 农村金融交易平台缺失

过去几十年我国农村民间金融的实践过程尽管存在外部环境的制约，但它事实上仍然以其原生朴素的形式在农村经济中发挥了重要作用。当然，这个作用发挥得并不充分，最直接的原因是缺失农村民间金融交易平台。农村金融交易平台既包括正规金融机构提供的金融工具、融资渠道和相关的金融服务与交易规则，也包括由非正规金融机构提供的金融工具、融资渠道和相关的金融服务与交易规则。金融市场的交易工具包括各种形式的信贷产品、有价证券、保险、信托、担保抵押和典当、融资租赁、金融衍生品合约等。当前农村民间借贷市场的交易工具种类有限，主要的交易形式是民间直接借贷，大量借贷活动仍处于人工交易和结算的阶段。20 世纪 90 年代末电子信息技术发展迅速，它极大地推动了金融交易平台的现代化建设，实现网络化电子自动交易和结算。现代金融工具和金融市场并没有广泛深入农村金融领域，而民间金融活动目前社会化、市场化程度较低，交易风险的管理方式比较简单，很多交易尚未纳入法律保障范围，民间金融还不足以支持农村大规模内源性资金融通，客观上制约了农村民间借贷资金的有效融通，影响了农村民间借贷市场的市场效率。

一、农村民间金融组织的历史形态与现代形式

传统的民间金融业有着顽强的生命力。在中国金融史上，民间金融组织对社会经济发展发挥过积极作用。中国近代旧式民间金融业的典当、票号、钱庄、银炉、金号、民间信用的高利贷和私钞等形式，是产生并发展于中国本土的金融业务和组织形式，在我国已有数千年的历史，它们从事的民间金融活动深入民间经济生活，与民生关系密切，在当时它

们比银行和保险等从国外引进的现代金融机构更为普遍。

中国历史上流传最早的信用形式是高利贷，它起源于借贷活动，放款通称贷息钱、出子本钱、称贷、出举等。据史料记载，春秋战国时期，各种信用关系如以质押、抵押为基础的债权债务关系就已经产生，民间借贷活动十分活跃。《管子》等古籍中有记载的“称贷之家”即指放贷者、放债者，包括政府、贵族、官吏、商人和豪绅等；借款者、举债者大多数是农民、渔户和手工业者，偶尔也会有国君或王公贵族。通常这种借款的利息很高，有“倍称之息”。在魏晋南北朝时期，出现官府权势与高利贷相结合的情况，由富豪家族与寺庙控制民间借贷；这种情况到了隋唐时期更为加剧，当时在长安城已经出现了专门经营高利贷的私营信用组织，如邸店、僦柜、柜坊、寄附铺和各种商办的堂、店、行、号、宅、院等，通常为富商所操纵。五代十国时期，已有放贷者仗势私刑逼债的情况。宋、金、西夏及元朝时候的私人信用全面发展，发钞、放款、兑换、存汇保管、典质等多种形式均已相当盛行。明清时期的高利贷继续发展，明末清初出现了钱庄、票号，同时典当和银炉盛极一时。清末民初，先后建立了银行、官银钱号、海关银号及其他官办金融机构，它们主要集中在当时的大中城市，但是由于政府低利公贷和赈贷很少，这个时期的私营信用组织规模仍然很大。在民国时期的农村，互助形式的农村信用合作社的贷款，向农户放贷时收取的利息一般比高利贷的利息低。20 世纪 30 年代开始，各地农户以“保”或“村”为单位，建立了农村信用合作社，组织存款、发放贷款，其信用组织名义上是农民自愿入股办社，并以“互助互济”为目的，实际上却被农村各地保长、地主、豪绅所把持，因而农户借款仍然是高利贷的形式。这个时期中国城乡形形色色的高利贷，在上海有“放印子钿”、“借印子债”，平津地区有“借阎王债”，天天连本带息拨还，直到债款全部还清；“借皮球债”是天天还利息而不减本金，直到全部本金一次还清为止；“一角过夜”的债是只要借款的期限超过了一夜，即隔了一夜偿还，就要按照一个月的一角利率计算利息；盛行于广东地区的“九扣十三还”是指放贷者每放款一元，借款者就只能得到九角（按当时的货币计量单位是九毫），月息三分，一个月到期归还本金和利息总共一元三角（按当时的货币计量单位是一元三毫，即十三毫）；盛行于华北地区的"驴打滚",贷款期限一个月,利息四分到五分,到期不还,则利息加倍,即按八分到十分计算,而且上期末的利息计入下一期初的本金,复利计息,利上加利,本息则越滚越多。

为避免高利贷的严厉盘剥,民间出现了"合会"这种新的信用组织形式。合会一般由发起人邀请若干亲友熟人参加,约定大家定期举会,如每月、每季或每年举会一次,举会时各会员分别缴纳一定数量的会款,汇集起来的会款称为"会金",交由一个会员使用,称为"得会",每次举会的会金按照一定的顺序轮流交由每一个会员使用,即每一个会员都有得会的机会,借以互助。发起人通常被称作"会头"、其他参与者称为"会脚",会头先收第一次会款,以后各次举会的会金则依据不同的方式,决定各位会脚得会的次序。如果按照事先排定的顺序轮流得会,称为"轮会";如果按照摇骰方式决定的,称为"摇会";如果用投标竞争方式决定的,称为"标会"。

新中国成立后,中国经过所有制改造确立了公有制的经济制度基础,各类私营性质的民间金融组织逐渐淡出中国经济舞台,直到1986年恢复了典当业的合法身份,民间金融活动重新萌发生机,成为资金盈余者和资金需求者、经商者和投资者之间调剂头寸的重要方式。

当前,我国农村民间金融活动中常见的融资组织形式有:

(1)民间借贷,包括各种利率水平的民间直接借款方式的融资,如一般的私人间信用借款和抵押借款、私人间的高利贷、亲朋好友之间的友情借款等。

(2)私人钱庄,是私人经营的民间间接融资机构,在特定范围内吸收私人存放的款项,并向私人借款者提供借贷资金。

(3)民间合会,这里专指民间金融合会,即中国民间社会流传的传统的私人间金融合作组织,如上文所述。

民间金融的发展自有其内在逻辑。由于生产经营和生活消费等各种原因的需要,农民之间常有资金借贷往来,是典型的民间信用形式,有悠久的社会传统渊源,且形式多样。尽管它们有的目前还潜伏于政策法规的"地下",但其存在的事实已经显示出当前中国现代意义上的民间信用开始发展。银行信用的经济基础是社会化大生产,而民间借贷这种民间信用形式存在和发展的经济基础则是小生产的生产方式，当前我国农村就普遍存在着民间信用生存与发展的经济基础。民间融通的资金通过各种民间信用形式和渠道，进入农村经济的任何领域都将是一股强大的经济力量。

二、农村民间借贷市场日益活跃

中国经济二元结构下，因为工业化进程吸纳并占用大量资金，在资金供给上将农业边缘化；因为城市化进程吸纳并占用大量资金，在资金供给上将农村边缘化；它们的共同结果是在资金供给上将农村的农户边缘化，导致农村金融深化困难，产生明显的金融抑制。从农村经济运行的视角出发，金融抑制的后果是农业发展资金严重外溢，农村金融被人为边缘化，农民在资金市场竞争中处于弱势地位，他们难以从正规金融机构获取所需要的货币资金，因此被资金需求驱赶到农村民间金融市场上，通过民间借贷等方式解决融资需求。

2004 年以来，受多种因素影响，我国民间融资趋于活跃。中国人民银行在 2005 年 5 月发布《货币政策执行报告》增刊《2004 年中国区域金融运行报告》（以下简称《报告》），是中国首度发布的区域金融运行报告，其中名为“正确认识民间融资的补充作用”的专栏引起了广泛注意，它被社会普遍解释为中国的中央银行首次正式承认民间融资的合法性，并且将其定位为正规金融的补充力量。《报告》认为，要正确对待和处理民间融资在经济金融运行中的积极作用与负面影响。民间融资具有一定的优化资源配置功能。民间融资不仅能优化融资结构，提高直接融资的比重，为中小民营企业、县域经济融资另辟蹊径，还可以减轻中小民营企业对银行的信贷压力，转移与分散银行的信贷风险。但民间融资的负面影响也不容忽视。由于缺乏与国家产业调控政策相呼应的当地产业政策指引，民间融资因其自发性和信息滞后性及一些行业高利润的诱惑，极易导致民间资金流入受限制行业，在一定程度上削弱了宏观调控的效果。《报告》还称，要正确认识民间融资的补充作用，因势利导、趋利避害。为使民间融资健康发展，应加强政策引导，鼓励金融创新，促进社会资金融通。首先,应完善相关法规,明确界定非法吸收公众存款和民间借贷的政策,引导民间融资公开登记,规范民间融资合规经营。其次,应创新融资机制,拓展投资领域。通过深化金融体制改革,鼓励多种形式的金融创新,加强对中小民营企业、县域经济的信贷投入,取消限制民间资本投资领域的不合理规定,切实为民间资本投资创造更为有利的条件。最后,应加强对民间融资的监管约束,积极探索建立民间融资监测通报制度,建立并完善长效管理机制。

基于实际形势需要,国务院于2010年5月发布《关于鼓励和引导民间投资健康发展的若干意见》,对民间资本进入金融领域的经济行为提供了政策性意见,鼓励发展多种形式的民间金融活动,推动建立相应的交易制度和交易平台,预示在当前二元经济结构下,民间金融发展仍然可能有着广阔的前景。

三、农村民间金融交易平台欠缺的消极影响

农村民间金融交易平台欠缺意味着农村民间金融活动中的融资工具、渠道和提供民间金融中介服务的组织机构形式不丰富、数量和质量有限,相关的金融服务与交易规则模糊不清,交易机制不成熟(形成资金供给的资金来源是否充足且稳定、能否顺利地流通到资金需求的地方,融资活动运行是否顺畅),不能充分满足农户的民间融资需要。一方面,农户一般可以通过收入中当期消费的剩余或消费的延迟而形成零星闲置资金,这些闲置资金可能选择存放到正规金融机构形成储蓄,因为当前储蓄的低利率而无法获得丰厚的利息收入;也可能形成游离于正规金融机构之外的闲置资金,因为各种原因,这部分本质上的储蓄没有及时转化成投资,因而没有及时形成资本,所以不能产生相应的资本收益,由此限制了农户依靠自身储蓄积累形成资本而增加收入的可能性。农户的储蓄没有及时转化为投资的原因很多,主要是“不许转化”、“不会转化”、“不敢转化”、“不愿转化”等,之所以产生这种转化的困难,农村民间金融交易平台的欠缺是首要原因。另一方面,农户在生产经营和生活消费过程中,还会因为各种原因而出现资金不足,这一资金缺口产生筹

资借款的需求。临时性生活消费用资金不足，目前除了银行信用卡提供的消费额度透支外，农户几乎不可能向银行或其他正规金融机构申请到消费贷款以满足资金需求，这一部分资金缺口通常通过私人间的临时性借款来填补需求。经常性的生活消费用资金的不足，属于生活贫困的范围，根本无法简单地通过纯粹的金融手段加以解决。生产经营中出现的资金短缺，或者通过银行等正规金融机构的信贷方式及时得到满足，或者通过民间金融方式提供一定程度的资金融通，以保障生产经营得以继续。无论是通过正规金融信贷还是通过民间金融信贷，都属于债权债务关系下的信用活动，它们都是以偿还为条件的借贷行为，这种解决筹资需求的方式，在农村是主要的解决方式；而通过股权投资的方式筹集资金推动生产经营的情形相对较少。现实农村中存在大量类似生产经营用资金需求未能得到融资的情形，其结果一般是：要么生产经营受阻，经营实体的盈利能力被削弱；要么退出生产经营，经营实体关闭。这里，因资金短缺而被困的经营实体，固然可能被以现代资本运作的方式整体包装出售，但是从实体生产经营管理的最终目标来看，这种资本运作的方式一般不是农村的生产经营者筹办经营实体的真正目的，更一般的情况是，这种出售乃“忍痛割爱”，不得已而为之，实属无奈，与通过开办经营实体来增加农民收入的初衷南辕北辙。

一方面有资金盈余却未能及时转化为能够给农民带来价值增值的资本，另一方面有资金需求却未能及时得到融资，这说明农村民间资金的由储蓄转化为投资、由供给满足需求的金融通道目前尚未完全打开，互通有无、调剂余缺的金融职能尚未完全到位。究其原因，当前农村缺乏适宜的金融交易平台是其直接原因；而交易平台的欠缺对农村民间金融发展造成的消极影响，由上述分析可见一斑。

四、导致农村民间金融交易平台欠缺的主要原因

1. 农村的外部因素：民间金融制度供给不足

在对民间金融的政策认识和制度建设上存在历史欠账，即在我国新

的经济发展时期，直到2010年，之前相当长的时间里都一直存在着农村民间金融发展制度供给不足的问题，正式的金融制度没有明确承认民间金融的经济地位，特别是国内金融领域的决策者和基层实践者对农村民间金融的重要性认识趋于保守，表现在政策上，就是对民间金融活动及其产生的利益的正当性定位不清晰，有时甚至明确限制和打压民间金融活动，导致农户的储蓄向投资"不许转化"。这种认识上的不足和制度上的欠缺所产生的直接后果是：农村民间金融中一些融资活动的合法性得不到法律确认，同时，政府又可能以行政手段打击民间金融活动，使得民间金融的合法生存空间十分狭小，而且令民间融资者的正当利益得不到充分有效的保护，从而使采取民间金融方式进行融资的风险趋高。这种基本处于失控状态的融资风险，严重阻碍了民间金融活动的扩张，只能够在相对狭窄的经济空间中存在并发挥作用。具体到农村民间金融活动，则正是由于受到国家金融制度的制约，民间金融尽管事实上在中国经济生活中早已产生并普遍存在，但民间金融的融资工具和融资渠道却并没有丰富和发展起来。实际上，直到2010年5月，国务院为适应国内经济结构调整和经济全球化发展的客观需要，才出台了《关于鼓励和引导民间投资健康发展的若干意见》（以下简称《若干意见》），而出台《若干意见》的直接起因，就是改革开放以来国内的民间投资不断发展壮大，在全社会固定资产投资中所占的比重逐年提高，成为促进国民经济发展的重要力量、国家财税收入的重要支柱和创造社会就业岗位的主要渠道。据初步统计，2009年1～11月，民间投资占城镇固定资产投资的56.4%，已是半壁江山。[①] 在这种现实背景下，如何调控、引导和发展好民间投资，充分发挥其积极作用，才重新成为当前中国金融发展领域投资管理工作面临的重要课题；如何推动农村民间金融发展的问题，也同时得到了人们的普遍重视。

2. 农村的内部因素：民间金融交易环境的诸多限制

农村民间融资的资金来源，部分是放款人自身积累的自有资金，部

---

① 国务院国家发展和改革委员会负责人就《国务院关于鼓励和引导民间投资健康发展的若干意见》答记者问，2010年5月30日。

分是放款人筹集的外部资金。有关亚洲私人借贷的研究结果显示，大约有 1/3 的私人借贷资金来自放款人的外部资金。这里，放款人为放贷而筹集的外部资金，可能来自其借入他人的私人性质的借贷资金，也可能来自正规金融部门发放的贷款。在我国农村地区，尽管目前尚未有规模宏大的民间融资中介机构，但是这些吸收外部资金来源的私人借贷、贷款经纪等民间金融活动，事实上已经充当了金融中介的角色，发挥着农村资金的融资中介职能。

农村民间金融交易组织和机构设施建设不足，导致当前农村真正发挥融资功能、能满足农户融资需求的民间融资中介机构和融资工具相对有限，致使民间金融范围和规模受到交易环境的诸多限制，交易条件欠佳，制约了农村民间金融交易平台的建设与发展。尽管一些非正规金融活动形式有着悠久的历史，如包括高利贷在内的私人借贷、贷款经纪等，都是历史上普遍存在的民间融资方式，但是由于中国社会在所有制改造之后全面推行公有制和计划经济，在这个历史时期，各种民间金融活动基本停止。1986 年，随着中国民间典当业的恢复，多种过去曾经一度消失的私营金融组织和民间融资工具重新出现在中国的经济生活中，特别是在农村地区，被正规金融机构的金融服务边缘化的农户中间，重新燃起了民间金融的星星之火。然而，由于存在政策认识、金融制度与法律制度上的缺失，这些重新诞生于农村民间的金融活动中，一些融资交易因为其日常性和零星交易的特点明显，没有形成规模，因而影响力有限，未引起社会的广泛注意；另一些融资活动因为尚且没有获得既有法律和法规的容许，因而常常转入地下活动，具有隐蔽性。总之，民间金融在融资范围、融资规模、融资质量、融资效率和融资安全性等一系列问题上，都存在不确定性，制约了既有的民间金融活动的广泛传播和深度作用，也制约了民间金融创新，结果很多农村民间融资者因为缺乏安全的融资渠道和工具，或者因为没有掌握融资技术而出现储蓄向投资“不会转化”的问题，影响了民间金融作为农村资金融资中介职能的充分发挥。

目前农村民间借贷市场的重要任务仍然是在发现交易价格过程中，逐渐规范市场主体的交易行为，降低交易成本，提高交易效率。

第三节　农村的金融抑制及发展农村民间金融的必要性和重要性

麦金农在《经济发展中的货币和资本》中指出："有组织的银行业在向欠发达国家的经济内地渗透上，在为一般的农村地区，特别是为小额借款人服务方面，是很不成功的……经济中其他部门的融资，则必须由放债人、当铺老板和合作社的不充裕的资金来满足。这就是我称之为'金融抑制'的现象。"金融抑制是由于金融体系不完善、金融市场机制不健全，导致政府对金融活动和金融体系的过多干预，抑制了金融体系的健康发展，造成金融运行与经济发展之间互相掣肘、梯次落后的非良性循环状态。在现实生活中，金融抑制现象体现为：政府对金融管制过度、金融市场不健全、货币化程度低、存在二元金融结构、金融工具单一、金融服务无法满足金融需求等，这些情况在中国农村金融中明显存在。

实际上，当前中国农村金融体系存在诸多问题，农村金融发展相对滞后，并不能很好地保障它顺利完成对农村经济发展提供金融支持的使命，不能很好地满足支持和服务"三农"的需要，表现出明显的金融抑制状态，具体体现在：

(1)农村金融服务不能满足农业产业化发展的资金需求。在近年的市场化导向下，各地涌现出不同层次的农业产业化趋向，有初级的"水果之乡"、"蔬菜之乡"，也有中级的经济作物生产基地和批发市场，还有高级的产业化企业。针对这种情况，农村正规金融机构目前尚不能及时提供与它们的资金使用需要相配套的金融服务，如农业的技术改造贷款、农作物抵押贷款等，缺乏为农业产业化发展量身定做的专业化金融服务，无法支持农业经济实体深度发展。

(2)农村金融市场的金融产品与农产品市场的产品结构不匹配。中国农产品市场已经形成现货市场和期货市场、专业市场和综合市场、批发市场和零售市场的多层次市场结构体系，但是农村金融市场提供的金融产品业务单一、层次单一，金融服务滞后于农产品的实体经济需求，无法支持农产品市场发展。

(3)农村金融工具种类与农村金融需求的多样性不相适应。随着农村乡镇企业的兴起和农业产业化的快速发展，农村的资金信贷需求日趋多样化，而农村金融机构提供的服务仍然停留在单一的贷款业务上，加上制度僵化，缺乏自主创新意识和权力，资金借贷效率普遍很低，基本无法满足农业经营的多样化金融需求。

(4)当前农村金融发展中，二元市场结构是农村地区金融市场的一个重要特点。二元金融市场的"二元"是指，一方面，由正规金融机构如国有商业银行、农村信用社、邮政储蓄等为主体构成的公开金融市场，它通过储蓄存款业务吸收大量农村储蓄资金；另一方面，由非正规的民间借贷为主体构成的隐蔽金融市场，向农村的农户提供有限度的民间融资，这两种性质的金融活动和金融组织机构在农村地区并存。当前金融体制下金融市场的这种二元分割，使不同所有制经济在获得金融支持方面的机会截然不同，在农村这种差异尤其明显。

世界农业发展的历史表明，农业生产的特殊性使农业的发展受国家制度性政策影响要比市场的价格调节影响大得多，甚至一个国家农业的制度性政策主要是政府制定的公共性农业政策，是农业发展的决定性因素。几十年来中国农业通过工农产品价格"剪刀差"的方式为工业发展提供了原始资本积累，同时也付出了沉重的经济代价，农民收入增长不快，农民的货币购买力和消费水平相对城镇居民明显较弱，农村经济社会发展滞后。造成这种状况的一个重要原因是国家财政和金融对农村的支持力度不足。有几个指标可以粗略地反映这种情况：2004 年我国农村固定资产投资占全社会固定资产投资总额的 16.34%；各级财政支农支出占国家财政总支出的 5.89%；农业贷款余额占金融机构各项贷款余额的 5.55%，农村在上述各项资金支出中所占的比重，与农村人口比重、农业和农村经济占 GDP 份额很不相称。

现在中国农业的任务已经不仅是给工业化提供积累，而且要为中国经济发展提供粮食的安全保障，为工业提供充足的原料，并逐步改善农民和农村生活，这是长期工业化及现代化过程中应坚持的农业发展理念。而中国传统农业产前、产后服务的社会化程度不高，良种、水利灌溉、土壤保持的科学化水平不高，农业教育—科研—技术推广体系尚未建立完善，金融服务基本不能满足农业发展需求等，构成其明显的脆弱性，与中国工业化进程所需要的农业部门相距甚远，甚至已经成为工业化进一步发展的制约因素。中国农业的基本国情，一是小农户经营，这种状况还要持续40～50年；二是中国农业的大国性，这是没有历史期限的约束条件，它要求中国的粮食必须永远由自己解决，这是农业保障国家经济安全的基本条件。农村金融体系的建立，目标就在于保证农业先进技术、农业生产的有效性实现所需的资金资源能够及时配置到位，这是现代农业生产过程的商业化性质决定的，也是农业产业货币化发展趋势要求的，以货币为媒介组织农业生产过程所需的各项生产要素，并以货币为生产目的，任何一个环节缺乏货币资金的推动将无法进行。

无论历史和未来，中国“三农”的发展都需要货币资金的支持。今天，中国经济发展到了“工业反哺农业、城市支持农村”的阶段，这种“反哺”主要体现在技术与资金对农业和农村的支持上。《“十一五”规划建议》曾经明确提出要“深化农村金融体制改革，规范发展适合农村特点的金融组织，探索和发展农业保险，改善农村金融服务”。加快形成促进农业和农村发展的财政和投资、融资体制是新阶段推进社会主义新农村建设的重要条件。如果建设新农村的资金主要依靠政府对农村公共基建加大财政投入，那么发展农村经济的资金则不但需要正规金融大力支持，还需要积极发展民间金融活动，共同为农村经济发展提供必要的货币资金支持。

第四章　农村民间借贷市场供求状况的统计描述

本章以我国经济较发达地区广东省为样本，在对农村民间借贷市场进行实地调查的基础上，对农村民间借贷市场的借贷资金供求状况进行统计描述，为后续研究工作提供现实基础。

第一节　农村民间借贷市场的交易环境

农村金融是推动农村经济发展的核心力量，在新时期开放农村建设和经济发展过程中，正规金融机构留下的市场空缺客观上需要民间融资方式和渠道加以弥补。如何发挥民间信用和民间融资活动在推进农村经济发展中的作用，这是迫切需要研究和解决的现实问题。如果我们在政策上既不能为农村地区提供合法、正规的金融服务，又不允许作为民间信用的民间融资方式和融资渠道合法生存，则不仅不利于农村金融市场的发展，更不利于"三农"问题的解决。

如何发挥民间借贷市场和金融活动的金融功能以推进农村经济发展？实际上自 2003 年以来，围绕新一轮农村金融改革的需要，全国各地都在积极探索各种类型的金融组织和金融机构特别是农村民间金融形式的创新。目前，广东省在实现科学发展的三大战略目标过程中，特别是探索科学发展模式的试验区的过程中，对发挥民间融资在推动农村经济发展中的作用、探寻更有效的民间融资方式和融资渠道等问题，都给予了相当的关注。广东省农村经济发展过程中民间融资活动走在全国的前列，它呈现出的问题和所发挥的积极作用，都将为我们观察和研究中国农村民间融资的经济功能转变，即由生活消费型融资向生产经营型融资转变，发挥资金融通职能、提高资金使用效率、优化农村资源配置等问题提供绝好的研究蓝本。在这种现实背景下，本书对广东省各地农村民间借贷活动以及由此形成的民间借贷市场进行了实地调查，在实地调查的基础上对农村民间借贷活动的基本经济信息进行统计描述和分析，以显示当前农村民间借贷的现实状况及其呈现出的民间信用的有关经济特征。

一、交易环境的调查结果

1. 农村的正规金融机构

（1）正规金融机构在农村的分布情况。我国农村乡镇目前设立的正规金融机构主要有各大国有商业银行、农村信用合作社和邮政储蓄银行。2004 年前后我国国有商业银行陆续撤并了大量原分布在农村地区的营业网点，结果至今并非每一个村所在的乡镇都设有正规金融机构的营业场所或网点，调查结果显示，当前在广东农村乡镇普遍设立营业机构的正规金融机构的分布情况如表 4-1 所示。

表 4-1 村所在的乡镇设有相应正规金融机构的比例 （单位：%）

	商业银行	农村信用社	邮政储蓄银行
比例	70.2	91.2	52.6

（2）农户在正规金融机构办理的主要业务及现代金融工具在农村的普及情况。农户在正规金融机构办理的业务主要是基本的存款和贷款业务，存款、贷款的金额分别占到农户家庭全部存款、贷款金额的比例

如表 4-2 所示。

表 4-2　农户在正规金融机构办理基本金融业务的资金比例

	商业银行		农村信用社		邮政储蓄银行	
基本业务	存款	贷款	存款	贷款	存款	贷款
资金比例	20% 左右	5% 以下	50% 左右	30% 左右	10% 左右	5% 以下

当前农村的融资活动及金融交易手段落后，现代化金融交易系统没有延伸到农村乡镇，农民参与交易的金融工具相当有限，参与各种金融工具包括股票、国库券、政府债券、金融债券、企业债券等的交易机会很少，对衍生金融产品的交易更是缺乏，农民基本不涉及现代化金融交易及其资金收益方式。

2. 农户的一般融资偏好

在农村各种形式的正规或非正规金融活动中，农户表现出特有的融资偏好：

(1)农户自有闲置资金的使用方向。农户的可支配收入在扣除了日常生活消费支出后，剩余货币资金的一般用途是储蓄存款、私人借贷、自己投资生产或贸易、买股票等；一般农户家中会留存少量备用现金，个别农户的剩余货币资金则全部以现金方式持有；还有一部分农户将部分闲置资金用于购买各种彩票、马票等赌博活动。调查显示，仅有 7.53% 的农户通过向亲友无息借款用以投资股票交易且目前全部严重亏损，并全部没有追加投资。有 6.45% 的农户以现金持有方式安排全部消费剩余的可支配收入，既无任何形式的储蓄存款，又无任何形式的金融投资；其余的农户都有过各种形式的存款；第一次调查中有 14% 的农户没有通过任何信用方式向私人或正规金融机构发生借款，坚守量入为出的家庭收支原则。调查问卷的统计结果如表 4-3 所示。

表 4-3　农户自有闲置资金的使用方向及该资金占全部闲置资金的一般比例　（单位：%）

闲置资金的使用方向	该资金占闲置资金的一般比例	选择此方式的农户占总数的比例
在正规金融机构存款	77.50	93.33
自己投资生产或贸易	20.81	37.78
私人贷款：借钱给熟人	11.82	36.67
自己投资金融证券	8.40	16.67
赌博	6.13	16.67
以现金方式备用	100.00	6.67
在基金会存款	7.50	2.22
在合会、摇会存款	20.00	1.11
在私人钱庄存款	10.00	1.11

（2）影响农户选择融资渠道的主要因素。影响农户选择融资渠道的主要因素如表 4-4 所示。

表 4-4　影响农户选择融资渠道的主要因素

选择的原因	离家近	存款安全	取款方便	贷款条件宽松	贷款利息低
商业银行	√	√	√	×	√
农村信用社	√	√	√	×	√
邮政储蓄银行	√	√	√	×	√
私人关系	√	×	×	√	√
私人钱庄	√	×	√	√	×
其他渠道	√	×	不确定	√	×

注：√表示“是”，×表示“不是”。

选择“私人关系”渠道融资时，农户在“存款安全”因素上的考虑主要是：作为放贷人的农户将自己借给借款人使用的货币资金视为自己存放在借款人那里的现金存款，有时这种资金存放并不产生利息收入，而且到期未还时，可能碍于情面不能进行正式的催收，所以这种存放在被本调查中视为农户的“存款”，产生了农户对“存款安全”因素考虑时的“不安全”结果。

另外，农户在"贷款条件宽松"因素上主要考虑的是：农户在通过私人关系特别是亲朋好友借款时，常常能够获得免息的贷款，而且贷款期限很灵活，可以根据双方的需要及时调整，所以这种贷款使用起来很方便。作为借款人的农户选择通过这种方式融资时，"贷款条件宽松"的因素里就包含了对借款人资格审查条件比银行的条件低、贷款程序简化、有时不需要担保、资金到位较快、逾期的处理比较灵活等方面内容。

上述调查数据显示，农民在正规金融机构办理业务的主要原因是它们声誉好、安全性高、服务设备工作状态较稳定，且在全国分布的营业机构网点多，便于异地汇款取款。另外，农村信用社有一定的惠农政策，而且营业场所靠近乡村，办理业务很方便，也是人们选择它的重要原因。

3. 农村民间借贷市场交易的现实环境

（1）农户以民间借贷方式进行资金融通的基本状况。农户小生产方式在当前广东农村地区占主导地位，不仅农民的生产经营主要以家庭为单位，而且农村地区的企业多数也呈现出资本少、规模小的特点。在农村经济的这种小生产方式下，生产发展需要的资金数量不大，但是生产经营的风险大、贷款抵押或担保不足，正规金融机构由于追求规模效益而常常忽略此类资金规模小的"三农"贷款，而且事实上对"三农"的融资规模也并不大。即使它们愿意向农户提供贷款，但是由于贷款手续复杂、贷款条件严格、贷款审查周期较长，使农村的借款人望而却步。在融资困难的状况下，农户通过民间信用关系、民间融资渠道、民间借贷方式来满足资金需求，为民间金融提供了深厚的生存土壤和发展空间。

民间借贷成为农户解决资金需求的主要方式的趋势日益显著。广东农村的民间融资渠道主要是依靠私人关系进行的民间货币资金直接借贷，基金会与私人钱庄等其他非正规的融资组织形式相对较少。近年来农户从正规金融机构获得贷款的户数比例逐年下降，而民间融资渠道已成为农民借贷资金的重要来源。从上文农户自有闲置资金的使用方向及该资金占全部闲置资金的一般比例中可以看到，被调查农户的全部现金存款中大约 80% 的部分存放在正规金融机构；农户通过民间融资方式存放在民间金融组织或机构的现金存款规模较小，总共约占农户全部现金存款总量的20%。

这个粗略的统计结果显示，农户从正规金融机构获得的贷款占其全部贷款的比例在40%以下，从民间融资渠道获得贷款的比例在60%以上，如表4-5所示。没有充分的有市场价值的财产作为担保、没有良好的信用记录、没有稳定且适量的收入来源，致使大多数农户根本不具备从正规金融机构借款的条件，从而无法从银行或信用社等机构借到钱，只剩下在银行存款的机会。

表4-5　农户通过民间融资渠道获得贷款、提供贷款的资金比例

融资渠道	通过私人关系	通过基金会	通过其他非正规组织形式
获得贷款的比例	60%以上	5%以下	5%以下
提供贷款的比例	5%左右	5%以下	5%以下

农户在当地正规金融机构储蓄存款形成的借贷资金，由当前的借贷政策决定其最迫切的任务是将借贷资金投放到最有盈利潜力的产业、企业和个人，而目前中国农业和农民都不具备这种盈利的潜力，因而不是正规金融机构信贷资金的主导性投向。

（2）农户借款的原因和借款资金的用途及其资金比例。调查显示，较为普遍的情况是农户家庭资产的流动性不强，缺少流动性金融资产储备，现金及储蓄存款不充足，货币性收入不稳定且一般水平不高。当农户的货币资金需求不能够通过自给自足的方式得到满足时，就会向外界借款。农户借款的主要用途及其占用资金的比例如表4-6所示。

表4-6　农户借款用途及借款资金的使用比例

用　途	资金比例
生产性投资	50%以上
生活日用消费	20%左右
处理生活中的重要紧急事件	20%左右
自住房屋建设	10%以下
赌博	5%以下
其他用途	不确定

这里呈现的农户私人借贷的借款用途及借款资金的使用比例，同农户收入来源的性质和结构存在十分密切的关系。调查显示，当前农民收入来源中，劳动要素报酬是最重要的部分，有超过90%的农户依靠耕种、兼职副业、外出打工等方式获取劳动收入，而这种收入模式及其增长空间，对农户希望实现重大生产转型乃至生活方式转型的愿望，都未能提供强有力的支持。货币资金缓慢的原始积累根本无法支撑农户转变生产模式的要求，通过借贷融资筹资成为农户解决资金困难的现实之道。表4－6显示农户借款资金的50%以上用于生产性投资，正是这种现实的直接反映。

(3)农户通过私人关系进行借贷时一般的放款条件与借款条件。表4－7呈现出明显的倾向，即无论是放款人还是借款人，双方在进行私人借贷时考虑更多的是对方的信誉状况（68.00%，66.67%）、收入状况（61.33%，69.33%），而在借贷利息上几乎不予关注（1.33%，1.33%），可见农户间的私人借贷更关注本金的收回，而常常忽视利息收益。看来这种建立在农户亲戚朋友和熟人之间的民间借贷关系，更大程度上是依靠纯粹的民间信任，而非依靠借贷的预期利益来维系，因此，这种借贷行为固然实现了民间的资金融通，但却不以盈利为主要目的。这是否意味着这种以朴素的民间信任为纽带的借贷行为就不是一种经济行为，民间借贷双方在这一融资行为中就没有经济理性呢？

表4－7　私人借贷时考虑的主要因素及考虑这些因素的放款人与借款人比例　（单位:%）

考虑的主要因素	考虑该因素的放款人比例	考虑该因素的借款人比例
借贷双方私人关系的程度	16.00	9.33
借贷对方的人品声誉	68.00	66.67
借贷对方的收入状况	61.33	69.33
借款的用途及该项目的前景	41.33	32.00
借款的期限	22.67	14.67
借款的利息	1.33	1.33
借款的数量	9.33	6.67

在调查中超过36%的农户以放贷款的方式使用自己的闲余资金，他们向借款人提供的资金数量平均占到自己全部闲余资金数量的11.8%左右。且农户以放贷款的方式向有私人关系的借款人提供的资金数量，占到其全部闲余资金数量的比例众数水平为5%左右。这只是调查取得的一个统计众数，实际上还有更高的比例，但是它反映出农户在提供贷款时，态度普遍比较谨慎，原因大致包括：这种贷款通常情况是人情贷款或友情贷款，贷款低息或免息，利息很低或不产生利息收入；一般不要求借款人提供相应担保，违约风险不好控制；碍于人情，在贷款逾期的情况下很难实施有效催收，甚至在贷款明显恶化时，也很难催收。这种不规范的贷款操作程式给放款人带来较大损失风险，其结果是挫伤放款人提供贷款的积极性，最终促使放款人将闲置资金存放到银行或农村信用社。

二、交易环境存在的重要问题

1. 农村货币资金流失导致农村经济"失血"

调查显示，农户中存款者多于贷款者。被调查农户大约80%的现金存款存放在正规金融机构；农户通过民间融资方式存放在民间金融组织或机构的现金存款规模较小，总共约占农户全部现金存款总量的20%。农户从正规金融机构获得的贷款占其全部贷款的比例在40%以下，从民间融资渠道获得贷款的比例在60%以上。这种情况显示，在没有充分的有市场价值的财产作为担保、没有良好的信用记录、没有稳定且适量的收入来源等诸多情况下，大多数农户根本不具备从正规金融机构贷款的条件，无法从银行或信用社贷到款、借到钱，只剩下在银行存款的能力了，农户存款资金规模大于从各种融资渠道借入的资金规模，农民成为正规金融机构的"净存款人"。由此，货币资金这一稀缺经济资源，从农村聚集起来、被正规金融机构抽调出去投放到农业和农村之外的诸如城市建设、房地产开发等领域，这个农村货币资金流失的过程可以被视作农村经济发展的一种"失血"。

2. 民间借贷成为农户解决资金需求的主要方式，对推进农村经济增长和金融深化有积极作用

调查结果显示，民间融资在广东农村普及程度较高，农户从民间融资渠道获得的贷款在资金数量上占到全部贷款的比例超过60%，超过了人们从正规金融机构获得贷款的数量。当前广东农村地区仍然是农户的小生产方式占主导地位，这种生产方式下，生产发展需要的资金数量不大，但生产经营风险大、贷款抵押或担保不足，正规金融机构由于追求规模效益而常常忽略此类资金规模小的"三农"贷款，而且事实上对"三农"的融资规模也并不大。即使愿意向农户提供贷款，但是贷款手续复杂、贷款条件严格、贷款审查周期较长，农村借款人对向正规金融机构申请借款常常会望而却步。结果，正规金融机构提供的融资工具和金融中介服务（供给）未能够充分满足农户的融资需求，从而留下了资金缺口。在向银行等正规金融机构借款困难、资金需求得不到满足的情况下，农户大多通过民间信用关系、民间融资渠道、民间借贷方式来解决资金需求问题，由此显示了民间金融在农村具有深厚的生存土壤和广阔的发展空间。以民间借贷为典型形式的农村民间金融，成为农户解决资金需求的主要方式的趋势显著，这进一步说明发展农村民间金融的必要性和迫切性。

对此情况可资参考的一个数据来自"中国农村金融发展研究"项目组《2007年中部八省农村金融调查报告》，它显示中国中部地区中低收入农户多倾向于向亲友借款，富裕农户倾向于向农村信用社贷款或选择其他有息贷款等调查信息。这同本书调查结果显示的情况具有一致性，反映出我国农村民间借贷存在的这一普遍特征。

3. 农民的现代金融意识有待提高，农村民间信用基础有待加强

调查显示，农户以放贷款的方式使用自己的闲余资金时，向私人关系的借款人提供的资金数量通常仅占到其全部闲余资金数量的5%左右，这反映出农户在提供贷款时的态度普遍比较谨慎。因为正规金融机构的市场信誉较好，安全性高，尽管利息收入很低，但存放在这里不用承担私人贷款中的那些风险，对大多数农户来说这些正规金融机构才是其存款最可靠的选择。上述调查结果显示，广东农户存款总量的 80% 是存放在正规金融机构的。

另外，正规金融机构事实上只满足了农户不到 40% 的贷款需要，而且需要担保，贷款价格刚性，贷款合同所列的权利义务都有明确的法律保护性规定。农户贷款需要的其余部分，则由农户从民间融资渠道获得，其中通过私人关系借到贷款的比例大约为 60%，即大多数农户一半以上的借款是以私人之间的民间借贷方式获得的，而且借款时并不必须提供担保，甚至有时会免息，借贷双方的权利义务并无明确的法律保护性规定，贷款逾期时可以有较大的通融余地，贷款资金用起来很方便，即"贷款条件宽松"，这种带有浓郁中国农村乡土文化气息的人情贷款很受借款人欢迎。

现代金融市场发展的一个重要特征就是金融交易在陌生人之间的成交量大大增加，它的交易半径早已突破了熟人社会的范围。这一发展特征随之要求交易者的交易行为对此做出适应性调整，通过现代市场交易的契约方式，更加有效地约束交易双方的交易行为、降低交易成本，从而提高交易双方整体的收益水平，而不仅是最大化交易者单方面的收益水平。由此看来，要扩大我国当前农村民间金融交易的范围，则需要在民间融资过程中，提高农民的现代金融意识，加强民间信用基础，不能囿于原始的熟人社会圈子，而应在观念上向更加广阔的陌生人开放融资。

4. 农户对民间借贷中的信用风险尚无有效的识别措施，由此产生了对民间借贷较为保守的风险意识

农村尚未形成制度化的个人信用评价体系与方法，在民间借贷关系中，无论是借贷资金供给者还是借贷资金需求者，都没有稳定、成熟的方法来识别对方的信用状况和借贷关系中潜在的信用风险，因此很难形成有效的防范风险的措施。为应对偿还借贷资金时的不确定性，放款人采取谨慎的态度应对借款人，也是一种原始朴素的防范风险措施。同时，尽管民间借贷有深厚的社会基础和很强的生命力，但它目前在我国尚未受到充分的法律保护，这就意味着由此渠道融通的资金信用风险较大。一旦信用关系破裂，借贷资金中只有借贷利率在规定范围之内的部分，即不高于同时期正规金融机构借贷利率的 4 倍的部分能获得国家法律保障，超过的部分则不受法律保护。这些不受法律保护的借贷资金，无疑面临着很大的信用风险。为补偿这种风险，放贷者往往采取提高借贷利率的方式，由此加大了借贷成本，使借贷双方互不信任，加剧了借贷资金的信用风险。

农户对民间借贷中的信用风险尚无有效的识别、防范与化解措施，导致农民的风险意识十分保守。从上述农户存款和借款行为的调查结果中可以看到，农户在安排个人的金融活动时表现出清晰的个人利益最大化倾向，一方面寻求个人存款的安全，降低个人资金风险，通常不大量地向私人提供借款；另一方面寻求个人借款的宽松条件，倾向于以私人借贷方式低成本融入资金，而将借贷资金的借贷风险尽可能地转嫁给放款人；同时，作为放款人的农户普遍担心借款人不能按时还款，所以对民间融资方式的潜在风险心存疑虑。因此，大多数农户在融资活动中"愿意索取、不愿贡献"，迫于人情需要借出的资金数量在其个人的现金资产中所占比重的一般水平限于11.82%左右，表现出十分谨慎、保守的风险意识。这种观念和中国农村民间特定文化传统下的行为习惯相互融合，在民间借贷活动的现实中呈现出特殊的信用样式和融资方式，它仍然是个人经济理性与外部环境的一种均衡结果。

在调查中了解到，尽管在私人借贷中对亲戚朋友的放款常常呈现上述的免息特征，但这并不是所有私人借贷的共同特征。实际上，在亲朋好友之外的人际关系中，通过熟人介绍成交的借贷交易通常存在明确的利息问题，这种借贷关系显然存在放款人的收益预期和借贷资金定价问题，这里的利率定价在相当大程度上脱离了官方借贷利率水平的制约，呈现市场化定价倾向，因为它在很大程度上是借贷双方讨价还价和市场交易行为随行就市的结果。由于存在这种市场倾向，农村民间借贷的收益预期才有可能成为推动民间信用市场交易扩大并深化的重要力量，这正是市场交易的理性力量。

第二节　民间借贷市场的融资需求

一、融资约束及其现状

同正规金融一样，农村民间借贷的融资范围与规模也受到交易信息、交易成本、交易风险等诸多交易环境因素的影响，致使其交易平台建设相对于农村民间融资的需求而言有所欠缺。理论上通常使用"融资约束"这一概念来反映既定市场价格下融资者对借贷资金的有效需求与其实际获得量之间的差距。对融资约束程度的估计构成政策决策的认识基础。农村民间借贷交易中产生的融资约束问题，同样是制定相关农村金融政策、推动民间金融发展过程中的基础性问题。

现有文献对融资约束的估计方法主要有两种，即直接估计和间接估计。直接估计是指对相关问题进行针对农户的实地调查，收集有关农户参与民间借贷等各种融资方式下的经历和数据，由农户直接回答其通过民间金融方式获得借贷资金的规模和质量，直接由农户评价这种借贷资金的可获得性，依此判断农户在民间融资过程中是否存在融资约束，并估计农户面临的融资约束程度。间接估计则是通过计量检验来论证在统计上是否拒绝生命周期假说或随机游走的持续收入假说（LC/PIH－RW），来判断是否存在融资约束及融资约束程度。间接估计法是凯恩斯消费理论的派生产物，目前受到统计方法和检验过程的假设条件的影响，产生了统计结果的不确定性，以致这种方法的可信度大大降低。本书采用直接调查和估计方法来考察当前广东农村农户在民间融资过程中面临的融资约束问题，分析的主要依据是2009～2010年对广东农村民间借贷活动进行实地调查所获得的数据资料。

在分析融资约束的影响因素时，国外以往大多数研究都将焦点集中在外源资金可获得性的决定因素分析上，这里的外源资金主要指农户从正规金融机构获得的借贷资金，这些研究工作的目的主要是寻找限制农户进入正规金融部门进行融资的影响因素，例如法比伊等（1984）对尼日利亚农户、卡斯胡里扎等（1996）对坦桑尼亚农户、萨法威安（1999）对罗马尼亚农户的融资行为的研究均属此类。

本书针对中国广东农村农户在民间融资活动中所形成的融资约束，研究焦点集中在农村内源性融资可获得性的影响因素分析上，这里的内源融资主要指农户通过自身积累或各种民间金融形式获得的资金，它取之于农村当地，是对农村当地沉积的资金加以利用，是农户的储蓄中游离在农村当地正规金融机构之外的部分。

在分析中国农村民间借贷活动中存在的融资约束问题时，需要回答的具体问题是：农户在农村民间金融活动中是否存在融资约束？民间借贷的资金需求能否得到充分满足？在实践中，如果农户回答在其提出借款申请时遭到拒绝，即被划归面临融资约束的样本组，这一认定方法参照了美国消费信用问题调查中使用的方法。Duong 和 Izumida（2002）在对越南农户借贷需要的研究中，将那些愿意获得更多贷款的农户与贷款申请未获批准的农户，都列为面临融资约束的主体。本书借鉴这种认定方法，根据实地调查问卷整理的数据表，如果农户的问卷记录中的指标“实际借到的私人资金占事先计划借款的比例”（表示为变量 ZIDUAN16）数据项的数值小于 100%，则将该农户划归面临融资约束的样本组。

描述统计量的结果如图 4-1 所示。

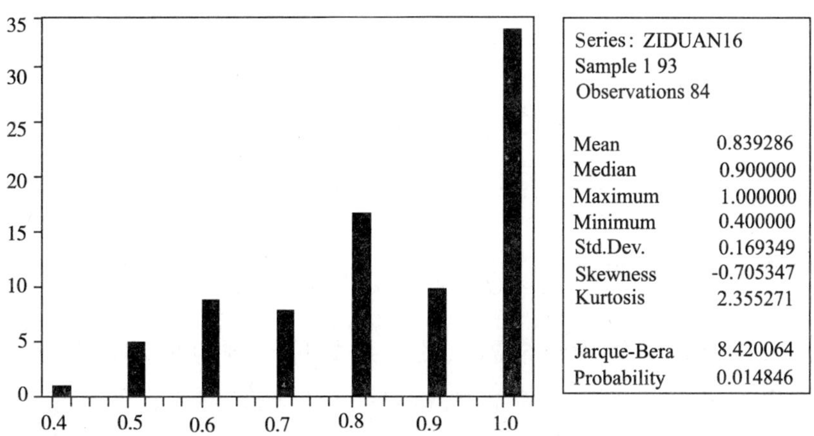

图 4-1　ZIDUAN16 的图和统计量

结果说明：

指标“实际借到的私人借贷资金占事先计划借款的比例”的平均值为83.93%，其偏态系数为负（偏度 = −0.705347），而且数值较大，其比例分布为左偏分布，说明农户借贷资金需求得到完全满足的占少数，约1/3，而得不到完全满足的占多数；而且由于偏斜的程度较大，且峰度系数（峰度 =2.355271）显示其为平峰分布，说明资金需求未得到完全满足的农户，即便获得了部分借贷资金，这部分借贷资金的数量距离其资金需求量差距较大；同时说明这部分农户的满足程度呈现低水平分散的分布状态，情况比较复杂。结合当前农村民间金融活动的实际，这种统计结果进一步说明，农户现在尽管可以通过多种民间融资方式融资，但就其融资结果来看，仍然存在较为严重的融资约束，农户的民间借贷需求并未得到充分满足。

另外，调查数据显示，由于无法从农村的商业银行或信用社借到资金，因而希望通过民间金融的方式解决借贷资金需求的农户数量共 84 户，占全部农户数量的90.32%。下面用 Z 统计量以 95% 的置信水平估计有私人借贷资金需要的农户数量在总体中的比例：

设样本比例 $\hat{p}=0.9032$，用 $\hat{p}$ 代替总体比例 p 来计算估计量的标准误差。

$n\hat{p}=84>5$，$n(1-\hat{p})=9>5$，当在 $\alpha=0.05$ 时，$z_{\frac{\alpha}{2}}=1.96$，这时总体比例的置信区间为：

$$\left[\hat{p}-z_{\frac{\alpha}{2}}\sqrt{\frac{\hat{p}(1-\hat{p})}{n}},\hat{p}+z_{\frac{\alpha}{2}}\sqrt{\frac{\hat{p}(1-\hat{p})}{n}}\right]$$

$$=\left[0.9032-1.96\times\sqrt{\frac{0.9032\times(1-0.9032)}{93}},0.9032+1.96\times\sqrt{\frac{0.9032\times(1-0.9032)}{93}}\right]=(0.8431,0.9633)$$

即农村有民间借贷资金需求的农户数量比例为 84.31% ~96.33%，可见农户对民间借贷资金有需求，这是一个比较普遍存在的现象。

二、融资约束的影响因素

理论上认为,影响融资约束的因素来自以下几个方面:

(1)在交易基础方面,民间金融的交易基础是民间信用,而农村民间信用基础不够坚实,这是长期缺乏信用文化的培养而造成的后果。民间融资活动中信用风险较大,使融资者采取谨慎的策略来安排闲置资金,一般农户通过减少向外贷放资金来避免价值损失或降低风险,这种情况类似于银行信贷业务中的"惜贷"现象,导致储蓄向投资的转化不畅,甚至出现"不敢转化"的状况,这直接影响民间金融的资金供给范围和规模的萎缩。

(2)在交易成本方面,因为金融活动范围的扩大可能导致原有的信息优势减弱,则非正规金融组织需要更多更好的管理手段来维持和保障其融资活动的正常运转,这将加大民间融资的交易成本,直接抵减融资者对民间融资活动的收益预期,同时降低融资者的融资动力和对融资方式进行创新的激励,在缺乏更加强烈的预期收益激励的情况下,将民间融资活动局限在既有的融资方式下则更符合经济理性,这也是中国农村民间金融形式缺乏创新的一个重要原因。

(3)在交易的预期收益方面,农户通过以民间借贷方式为主的民间金融活动进行资金融通,它所产生的预期收益如果达不到储蓄者或放贷者的收益预期,他们可能将资金转入其他金融市场如资本市场进行投机,或者将资金用于实业投资,以实现高收益替代。在这种情况下,农户既不选择民间金融方式实现收益,也不愿通过民间融资的方式实现储蓄向投资的转化。

总之,农村民间借贷的交易环境中存在诸多因素,通过影响融资约束的形成而影响它的融资功能的实现。

第三节　民间借贷市场的资金供给

一、农户民间借贷资金供给的一般状况

这里需要回答的问题是：民间借贷中放款人提供的私人借贷资金供给是否充足？

放款人是农村民间借贷交易中的资金供给者。本书选用农户记录中的指标“私人放贷占全部剩余资金的比例”（表示为变量SHOURU002）来衡量农户在民间借贷中提供借贷资金的程度，即农户通过各种民间金融方式进行的私人放贷活动中，其提供的私人借贷资金数量占其家庭全部剩余资金的比例。剩余资金指农户家庭可支配收入扣除消费和农业再生产投入之后的剩余部分，收入的剩余表现为各种形式的个人积蓄。调查显示，并非所有的农户都将这些剩余资金用于民间借贷的放贷活动。

描述统计量的结果如图 4–2 所示。

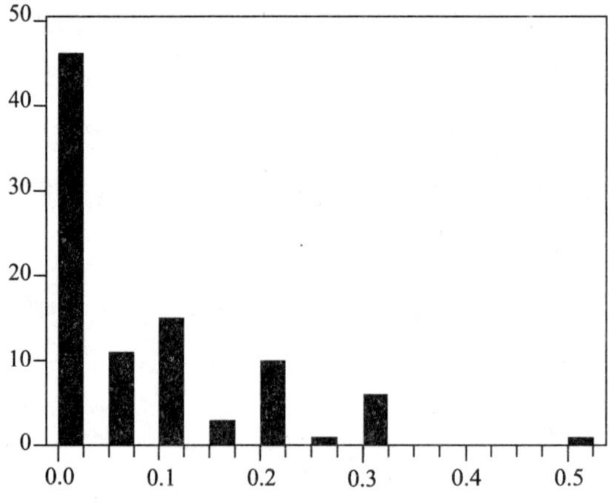

Series: SHOURU002	
Sample 1 93	
Observations 93	
Mean	0.076237
Median	0.050000
Maximum	0.500000
Minimum	0.000000
Std.Dev.	0.102246
Skewness	1.517104
Kurtosis	5.247970
Jarque-Bera	55.25668
Probability	0.000000

图 4–2　SHOURU002 的图和统计量

结果说明：

指标“私人放贷占全部剩余资金的比例”的平均水平是7.62%，其偏态系数为正（偏度 = 1.517104），该变量取值为右偏分布；峰度系数（峰度 = 5.247970）显示其为尖峰分布，说明农户中未提供私人借贷资金的比较集中，且农户数量较多。农户中提供了私人借贷资金的，借贷资金占剩余资金的比例比较分散，而且数值水平较低。结合当前农村民间金融活动的实际，这种统计结果进一步说明，在当前民间金融环境下，农户向民间融资渠道提供的私人借贷性质的借贷资金，占其家庭全部剩余资金的总体比例水平较低，并没有达到农户私人借贷资金供给能力的充分水平。

那么，这个资金比例的平均水平是多少呢？下面用 t 统计量以95%的置信水平估计全体农户的私人放贷资金量占其全部剩余资金量的比例的平均值。

由图4-2中的统计量列表可知，变量SHOURU002的样本均值 $\bar{x}$ = 0.0762，标准差 S_{n-1} = 0.1022，样本容量 n = 93。在 α = 0.05时：

$$t_{\frac{\alpha}{2}}(n-1) = t_{0.025}(92) \approx 1.97$$

则总体均值 μ 的置信区间为：

$$\left(\bar{x} - t_{\frac{\alpha}{2}}\frac{S_{n-1}}{\sqrt{n}}, \bar{x} + t_{\frac{\alpha}{2}}\frac{S_{n-1}}{\sqrt{n}}\right)$$

$$= \left(0.0762 - 1.97 \times \frac{0.1022}{\sqrt{92}}, 0.0762 + 1.97 \times \frac{0.1022}{\sqrt{92}}\right)$$

$$= (0.0551, 0.0973)$$

即全体农户私人放贷的资金数量占其全部剩余资金数量的平均比例估计为5.51% ~9.73%。

这个结果显示，在当前的农村民间金融交易环境和收入模式下，农户向民间借贷活动提供的私人借贷资金在农户家庭剩余资金总量中所占的比例相对很小，表现为私人借贷资金供给不足。

农户惜贷的主要原因是：①前述农村民间借贷市场的制度背景显示农村民间借贷存在的制度性约束，导致农户贷款人的贷款利益未能获得充分制度保障，这无疑削弱了农户的贷款积极性。②农村现有的社会资本状况欠佳,农户民间借贷的交易半径相对狭小,大量借贷交易行为发生在熟人之间,资金的民间借贷以人格化方式完成交易,基于现实的社会生活背景,民间借贷的这种小范围交易反而相对有效地解决了一般资金借贷交易中的信息不对称问题,使私人间的信用评估成为可能。但是同时由于社会关系对信用风险存在软约束,致使民间借贷的违约行为缺乏硬约束,对违约行为的处罚成本较高,对农户贷款人而言,增加了贷款风险,从而减小了其贷款积极性。③农户当前对闲置资金的使用方式较以前有了更多的选择,农户经济活动空间的扩大增加了农户的投资机会,理论上增加了农户放贷机会成本提高的可能性,这可以从农户家庭收入模式对农户提供民间借贷资金供给的影响上看到其现实性。

二、各类家庭收入模式下的民间借贷资金供给状况

这里要回答的问题是:各类家庭收入模式下的农户在作为放款人提供民间借贷资金供给时的供给行为具体表现如何?

农户家庭收入模式对放款人民间借贷资金供给形成产生的影响,直接成为放款人对融资约束产生的影响,直接影响着借款人借贷资金需求的满足情况。

调查发现,用于民间借贷的资金来源包括放款人家庭的各项收入、从正规金融机构获得的借贷资金发生的转贷、民间基金会的集资和地下钱庄吸收的资金。由于长期受到正式金融制度的限制,地下钱庄和民间基金会的组织机构在广东农村地区并未普及,因而社会影响相对较小,所以为放款人提供资金来源的主要渠道是家庭收入和银行贷款。在我国银行信贷业务管理规则中,明确规定银行的借款人不得将银行的信贷资金用于转贷,但是在面向农村的部分借贷业务中,由于银行信贷管理人员的疏忽和失误,实践中农户将低息银行贷款转贷的现象时有发生,乃至今天事实上已经成为一些民间融资者的资金来源和融资目标。

一般在统计农户家庭收入时,按照收入的不同性质将其划分为四部分,即工资性收入、经营性收入、财产性收入和转移性收入。本书为方便进行数据分析,根据农户实际生活中普遍发生的收入项目,将上述收入

划分方法中的经营性收入项目进一步细分为农业生产性收入和商业经营性收入，这样，农户的收入来源就划分为五类，即

(1)工资性收入，主要来自农户的家庭成员受雇于他人，为实现他人的经营目标而工作的劳动报酬。

(2)农业生产性收入，来自农户自主从事农业生产所获得的收入，包括各种务农劳动及销售自产农副产品的收入。

(3)商业经营性收入，来自农户从事商业经营性活动的收入，如经营手工加工、开办工厂、商店等的经营收入。

(4)财产性收入，来自农户凭借资本权益所获得的收益，包括租金、股息、利息等资本收益性收入以及因政府征用土地而向农户支付的土地补偿金。

(5)转移性收入，来自遗产继承、获得财政补贴的收入。

农户家庭收入模式对放款人资金供给形成的影响如何？

1.农户家庭收入模式中，主要收入来源的分布情况

以下分析依据农户的主要收入来源所属的类型，将其分别命名为“1类农户”、“2类农户”等，分别表示以工资性收入为主要收入来源的农户、以农业生产性收入为主要收入来源的农户，依此类推。在分类统计中将其分别表示为各类农户的变量SHOURU进行数据处理。

作为参照，这里同时考察了农户的另一项指标“在银行和信用社存款占全部剩余资金的比例”(变量ZIDUAN6)的统计特征。

对样本组中来自93户样本按照收入来源的种类进行分类，统计结果如表4-8、图4-3所示。

表4-8　以各种性质的收入为主要收入来源的农户数量及所占比例

主要收入来源类型	农户数量	农户比例(%)
1类农户	29	31.18
2类农户	46	49.46
3类农户	13	13.98
4类农户	4	4.30
5类农户	1	1.08
合计	93	100.00

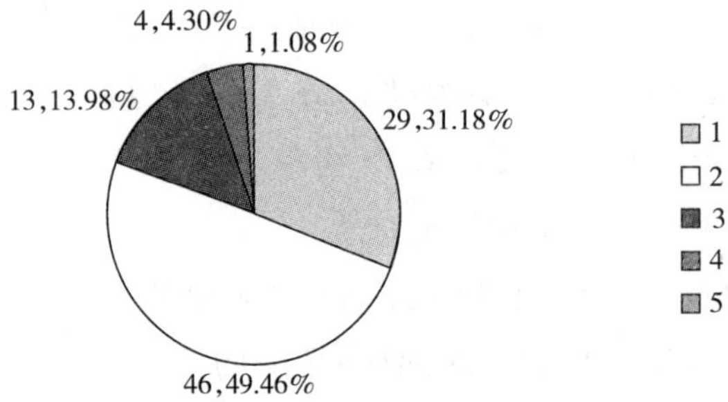

图 4-3 以各种性质的收入为主要收入来源的农户数量及比例

结果显示,在当前农村地区,农户的收入来源主要集中在前三种模式,即农户以工资性收入、农业生产性收入和商业经营性收入为主,只有少量的农户以财产性收入和转移性收入为主要收入来源。

2. 各类收入模式下农户民间借贷资金供给比例分布情况

(1)以工资性收入为主要收入来源的农户,即"1 类农户",组中样本农户数量占全部样本数量的 31.18%,他们全部都有家庭积蓄,组中有 30.77% 的农户没有进行过私人放贷活动,6.9% 的农户目前没有银行或信用社等正规金融机构的储蓄存款。

本书将这一组样本中有私人放贷的农户的相应分析变量定义为 SHOURU101,包括无私人放贷的农户在内的总体分析变量定义为 SHOURU102。描述统计的结果如表 4-9 所示。

表 4-9 "1 类农户"放贷资金比例的统计量

	SHOURU101	SHOURU102	ZIDUAN601	ZIDUAN602
Mean	0.150000	0.087931	0.664815	0.618966
Median	0.200000	0.050000	0.700000	0.650000
Maximum	0.300000	0.300000	1.000000	1.000000
Minimum	0.000000	0.000000	0.300000	0.000000
Observations	17	29	27	29

农户在民间借贷活动中所提供的借贷资金供给量,在其全部收入剩

余资金中所占比例的总体平均值为 8.79%；如果仅考察那些参与私人放贷的农户，则平均值为 15%。同时，农户在银行和信用社存款占全部剩余资金的比例指标的平均值为 66.48%，约为同期私人放贷资金的 4.43 倍。

导致这种结果的原因，可能是工资性收入的数量水平有限，而且收入状况因为受雇用劳动的工作不稳定而产生波动，影响农户对未来的收入预期，因此农户一般选择通过在正规金融机构储蓄来保障未来的消费能力。这类农户的私人放贷对象主要是亲戚朋友，属于源于互相帮助的初衷提供几乎没有利息的“友情贷款”，这种放贷本身是随机发生的，同样具有不确定性，因此，在放贷农户的剩余资金总量中所占比例较小。

（2）以农业生产性收入为主要收入来源的农户，即“2 类农户”，组中样本农户数量占全部样本数量的 49.46%，这一组农户也都有家庭积蓄，目前全部有银行或信用社等正规金融机构的储蓄存款；组中有 45.65% 的农户没有进行过私人放贷活动。

本组样本分析中将有私人放贷的农户的相应分析变量定义为 SHOURU201，将包括无私人放贷的农户在内的总体分析变量定义为 SHOURU202。描述统计的结果如表 4-10 所示。

表 4-10　“2 类农户”放贷资金比例的统计量

	SHOURU201	SHOURU202	ZIDUAN6
Mean	0.141600	0.076957	0.731957
Median	0.100000	0.050000	0.800000
Maximum	0.500000	0.500000	1.000000
Minimum	0.050000	0.000000	0.300000
Observations	25	46	46

统计结果显示：此类农户私人放贷的资金数量在其全部剩余资金量中所占比例的总体平均值为 7.70%；若仅考察参与私人放贷的农户，则平均值为 14.16%。同时，农户在银行和信用社存款占全部剩余资金的比例指标的平均值为 73.20%，约为同期私人放贷资金的 5.17 倍。

导致这种结果的原因，可能是农业生产性收入的数量水平有限，而且收入状况因农业生产的自然因素而具有不稳定性，影响农户对未来的收入预期，因此农户选择通过更多的银行或信用社储蓄保障未来的农业再生产得以继续、生活消费正常进行。这类农户的私人放贷，主要对象也是亲戚朋友、街坊邻居，同样地，大多数情况下是没有利息的“友情贷款”，在放贷农户的剩余资金总量中所占比例较小。

（3）以商业经营性收入为主要收入来源的农户，即“3 类农户”，组中样本农户数量占全部样本数量的 13.98%，这一组农户目前全部有银行或信用社等正规金融机构的储蓄存款；组中有 61.54% 的农户没有进行过私人放贷活动。

本组样本分析将有私人放贷的农户的相应分析变量定义为 SHOURU301，将包括无私人放贷的农户在内的总体分析变量定义为 SHOURU302。描述统计的结果如表 4-11 所示。

表 4-11 “3 类农户”放贷资金比例的统计量

	SHOURU301	SHOURU302	ZIDUAN603
Mean	0.150000	0.057692	0.588462
Median	0.100000	0.000000	0.600000
Maximum	0.300000	0.300000	1.000000
Minimum	0.100000	0.000000	0.100000
Observations	5	13	13

统计结果显示：此类农户私人放贷的资金数量在其全部剩余资金量中所占比例的总体平均值为 5.77%；若仅考察参与私人放贷的农户，则平均值为 15%。同时，农户在银行和信用社存款占全部剩余资金的比例指标的平均值为 58.85%，约为同期私人放贷资金的 10.2 倍。

导致这种结果的原因，可能是商业经营性收入的数量水平相对较高，收入状况固然会因为商业经营过程中的各种市场因素影响而产生波动，农户对未来收入预期可以相对明确，且这些农户的家庭财务状况基本能够保障正常的家庭生活消费，因此他们选择通过更少的银行或信用社储蓄来保障未来的生活消费和扩大再生产正常进行。这类农户的私人放贷对象，除了亲戚朋友、街坊邻居，还出现了地下钱庄、基金会等形式的中介组织，除免息的“友情贷款”外，还存在较高利息的短期借贷，具有较好的利息收入预期，但同时风险较高，限制了这类私人放贷活动的规模，比较而言，从事商业经营的农户更多地将剩余资金直接用于扩大自己的经营规模，以期获得更高的经营收入。

（4）运用相同的分析方法得到其他两类农户的相应统计结果。需要补充说明的是，本组样本中“4 类农户”同期在银行和信用社存款占全部剩余资金的比例指标的平均值为 62.5%，为同期私人放贷资金的 12.5 倍，这类农户有以获得高额资本收益为目的，选择将全部的剩余资金用于证券市场投资的个例；“5 类农户”同期在银行和信用社存款占全部剩余资金的比例指标的平均值为 80%，为私人放贷资金的 4 倍。将上述统计结果汇总如表 4-12 所示。

表 4-12　农户正规金融机构存款和私人放贷指标的相关统计量汇总

主要收入来源类型	放贷农户的平均值（%）	组内农户总体的平均值（%）	在正规金融机构存款是同期私人放贷资金量的倍数
1 类农户	15	8.79	4.43
2 类农户	14.16	7.70	5.17
3 类农户	15	5.77	10.2
4 类农户	5	1.25	12.5
5 类农户	20	20	4

其中，后两类农户因其收入模式在当前农村中不具有普遍性，其私人放贷占其剩余资金的比例均明显超出估计的总体均值区间，它们的情况有待做个别的、具体的分析。

第五章　农村民间借贷市场微观结构分析与定价模型及其实证

本章运用经济学理论中的微观结构分析方法对农村民间借贷市场进行经济学分析，首先明确这一市场微观结构中的各个要素，然后对其市场交易制度进行分析，着重对交易制度的核心机制即利率定价方式进行实证分析，对利率受到公共信息和私人信息的影响程度进行具体分析。

第一节　农村民间借贷市场微观结构分析

一、农村民间借贷市场微观结构要素

根据市场微观结构理论，农村民间借贷市场微观结构的要素如下：

（1）技术。主要指支持农村民间金融市场交易的技术设施和操作人员的操作技术。农村民间借贷的资金融通技术手段相对落后，因而实现高效率的融资交易存在技术上的困难，这种情况在前文关于农村民间借贷市场交易平台欠缺问题中已有说明。

（2）规则。主要指与农村民间借贷市场交易相关的各种交易规则，形成市场交易秩序。在农村民间金融活动中，除市场交易制度外，法律在调节交易各方的利益关系时存在制度盲点，导致农村民间借贷市场上部分交易者的某些正当利益无法得到充分的法律保障，现有法律法规体系无法对其提供全面有效的维权援助，致使现实中部分农村民间贷款人的正当利益存在“合法受损”的可能性。

（3）信息。主要包括公共信息和私人信息等。公共信息如一个时期的通货膨胀率、正规金融机构的存款贷款利率、农村居民家庭纯收入平均水平等经济政策、经济状况的公共数据等；私人信息包括市场交易者能够感知到的各种个人信息，如交易者的个人信用状况、财务状况等。这些不同层面的信息将影响市场价格的波动，价格对信息的反应速度和程度是检验市场效率的重要指标。每个交易者都有自己的信息集，对信息的掌握程度决定了交易者的市场盈利能力。

（4）市场参与者。一般地，金融市场的市场参与者由投资者、经纪人、自营机构、做市商、市场组织者或运营者、市场监管机构等组成，个人投资者也有机会参与市场，可以通过市场的各种金融交易工具直接交易，也可以通过经纪人间接参与市场交易。农村民间借贷市场的参与者包括有资金借贷需求的农户、借贷中介人和民间借贷组织。这个市场目前的发展基本处于原生态，尚没有专门针对这一市场发展的市场监管机构，也没有专门的做市商和其他身份明确的市场组织者或运营者。但是，正是由于这个市场目前所处的金融体系的边缘位置以及在这个领域存在的现实困难，如因为农村融资者普遍缺乏信用自律和现代契约精神，导致违约行为广泛出现，农村金融市场化融资交易的摩擦力加大、交易成本提高、信用风险增加。为解决这些问题，需要法律支持，更需要建立稳定的制度性市场规则来保障交易秩序的实现和可持续，因而，法律和社会仲裁机构的介入对发展中的农村民间借贷市场是十分必要的。

在本书研究实地调查的农村民间借贷活动中，绝大多数农户间借贷行为发生在个体之间，而且调查数据显示这些借贷主要是在农户的熟人之间进行的，陌生人之间的资金直接借贷活动并不普遍。目前通过借贷中介人进行的借贷交易形式不统一，通过农村基金会、私人钱庄、民间合会实现借贷的农户在样本总体中仅占很小的比重，就本研究的调查数据而言，它们的数量比例分别为4.3%、8.6%、1.08%。特别地，民间合会的组织形式尽管大多是在农村的熟人社会中建立起来的，但是在调查中却仅有一个村的农户对它比较了解且参与其中，在被调查的93个村里，这种民间的融资组织形式并不广泛存在。鉴于这样的实地调查结果，本书关于农村民间借贷市场的后续分析研究工作就主要针对农户个体间的借贷活动展开。

(5)金融工具。一般地，金融市场的交易工具包括各种形式借贷的信贷产品、有价证券、保险、信托、担保抵押和典当、融资租赁、金融衍生品合约等。本书第二章已经指出，农村民间借贷的金融活动中广泛使用的交易工具种类并不丰富，而且实际上多数交易只有借款农户出具的形式简单的借条，并无格式规范且具有法律效力的正式商业合同式的借款或贷款合同，舒贝克(1998)将这种借条称作“欠条”，认为它仅在最简单的市场机制中存在，不具有流动性，因而不把它当作正式的金融工具。在农村金融活动中，现代化金融工具并不普及，而且受到我国当前法律法规的限制，农村的金融创新更是成果有限，农村民间借贷市场交易的主要形式只有直接借贷。

二、农村民间借贷市场的交易制度

如前所述，市场微观结构的核心内容是交易制度，它是交易系统、交易机制和市场结构组织规则等的总和，它的主要功能是将市场参与者的潜在需求转为实际交易，在这个过程中，价格的制定和形成即交易价格发现过程是关键环节。

市场运行机制通常指构成市场系统的各要素之间的关系及其相互作用的方式与系统的运行过程。农村民间借贷市场的运行机制指构成这个市场的需求主体、供给主体、媒介和管理主体在农村民间资金融通过程中的相互作用及作用过程，是其市场微观结构中各要素的联合作用过程。市场的交易机制具体表现为农村民间借贷资金的供给、需求和利率价格的形成过程，主要是民间借贷资金的供给者、需求者在市场竞争与交易过程的相互作用过程。交易机制功能的发挥主要通过市场的交易制度实施过程实现。

金融市场微观结构研究的核心问题就是资金交易价格的形成过程，交易制度在价格形成过程中起决定性作用。农村民间借贷市场的产生与发展过程，是民间借贷资金交易的自发演进与变迁过程，同时也是市场交易制度的产生与发展过程。在民间借贷市场交易初期，交易制度是借贷资金供求双方之间自行协商的一系列交易合约条款，一般比较简单，适用范围有限。随着交易规模不断扩大，交易越来越频繁，没有强约束力的交易制度不能适应发展的需要，于是市场需要更加先进和规范的交易制度。农村民间借贷市场的交易制度涉及交易主体、交易对象和交易规则三个方面。

1. 交易主体

一般包括农村民间借贷市场的农户贷款人、农户借款人、融资中介人、融资交易组织机构等。本书主要研究农户贷款人和农户借款人这两类交易主体。市场微观结构理论在很大程度上就是研究不同类型交易者的交易行为对价格形成的影响作用的理论。

2. 交易对象

金融交易建立在信用关系基础之上，而这种信用关系的建立和终止则通过借贷资金及其融资交易合约的取得与清偿来实现。农村民间借贷市场上的交易对象是可以用于借贷的货币资金以及以此为基础的交易工具。由于现实的借贷活动中通常情况下使用的借贷交易合约的具体形式多样，没有统一的格式，一般不具有流动性，因而不是严格意义上的金融工具，所以，本书研究的交易对象实指借贷资金。

3. 交易规则

一般地，市场的交易规则包括价格形成机制、信息披露机制、价格稳定机制、风险控制机制和交易结算机制。农村民间借贷市场的交易规则在以上各个方面都自有特征。农村民间借贷市场交易制度的核心机制是其定价机制或称价格形成机制，这是本章研究工作的重点且在后文展开，这里着重考察其他机制。

(1)信息披露机制。信息披露指与市场交易相关的信息向市场参与者进行披露、传播和传递。市场交易者一般借由当前披露的信息来了解当前市场的交易情况，然后对市场做出反应，进而做出投资决策；接着，交易者会根据交易后的信息披露来了解交易的成交情况，进而做出下一步投资决策。信息披露需要明确三个重要事项，即信息向谁披露、披露什么以及何时披露。交易者对市场信息掌握程度的不同，直接影响着其交易决策，进而影响交易价格的形成。

农村民间借贷市场的直接市场信息就是关于市场上借贷资金的供给和需求情况的信息，以及交易者参与市场的其他条件和要求。由于农村民间借贷市场在实际交易中的市场是无形的，而且是分散的，商业化借贷的交易半径通常不大，在熟人社会进行的民间借贷交易范围就更小，可能仅限于村内或者人际关系相对固定的特定几个村落之间，信息传播的半径很小。

内格拉杰(1999)等人对交易信息方面的研究指出，非正规金融的信息优势与其融资活动的范围之间存在此消彼长的关系。因为部分非正规金融组织有相对固定的客户群，不同的组织之间不共享客户，所以出现非正规金融市场的割裂现象。民间融资包括民间借贷、民间贷款经纪等活动常常因为交易双方所掌握的信息有限而只针对有限范围内的少数人展开，因而存在融资对象有限、融资范围有限且融资规模有限等问题，在农村民间金融活动中同样存在这些问题。

(2)价格稳定机制。稳定价格的行为通常指维持价格相对稳定、防止价格大幅波动的市场措施。目前我国农村民间借贷这一金融市场上尚没有建立成熟的价格稳定机制，因此这个市场上的利率波动没有明确的稳定手段。

(3)风险控制机制。风险控制指对市场交易过程的各种风险的防范与处理措施。农村民间借贷资金的供给对象主要是农户以及用于“三农”的各种货币资金支出。目前，提供给农户的借贷资金面临的主要风险就是来自农户借款人的违约风险，即农户借款人未按时履约偿还借贷资金的本金和利息的可能性。导致这种违约风险的原因是多方面的，主要包括：

首先，农户借款人如果将农业生产收入作为第一还款来源，即农户选择通过投入农业生产获得收益来偿还贷款，这种还款来源的可靠性不能完全保障。中国农业小农经营生产模式中存在生产技术落后、开展生产活动需要的基础设施等生产条件欠佳、自然条件不可控等现实，生产手段以手工劳动为主，一些农村地区靠天吃饭的状况未见明显改善，致使农业生产的产出水平受到限制，农户面临生产经营风险和自然灾害风险。同时，农户当前农业生产的产品绝大部分要作为商品进入市场交换，具有生产超前、销售滞后的生产和流通特点；而且大部分农产品是生命体，具有鲜活、易腐、不耐久储且存储费用高等商品特点，更使其受到严峻的市场风险考验。这三种风险的存在必然加大农户借款人的违约风险。

其次，近年来正规金融机构发放针对“三农”的农业贷款资金规模，从历史数据上看其所占总贷款规模的比重未见明显增加，农村经济发展中所需的借贷资金缺口有相当大部分由非正规金融补充，尤其是针对农户及其投入农业生产的借贷资金，主要通过农村民间借贷方式提供，其比例占到农户借贷资金需求的73%以上，这在第四章已有结论。但是，作为农村民间借贷资金的提供者，民间借贷市场的贷款人对借款人的信用状况识别能力有限，对借款人的还款意愿很难作出客观的判断，其信用风险识别技术相对正规金融机构的专业信贷人员而言，简单而且落后；其所面临的借贷双方信息不对称的事实很难通过技术手段消除。

再次，贷款能否按期归还不但取决于借款人的还款能力，还取决于其还款意愿，而这一点在借贷双方信息不对称情况下很难准确预计。尽管农村民间借贷市场上大量的借贷交易发生在熟人之间，如本书第四章统计结果所示，但是由于熟人间缺乏科学严谨的信用识别方法，通常交易双方仅依赖原始的信息交流方式获得彼此的信用信息，涉及借款人还款意愿的信用信息的准确性无切实保证，这种建立在熟人间社会资本基础上的信用机制的有效性还有待检验。

最后，即便农户借款人违约，贷款人对其进行干预的方法也很有限，违约处罚的方法既受到国家法律法规的限制，又受到农村社区既定的社会文化传统的限制。由于我国当前正式制度对农村民间借贷活动的规范和调节手段有限，在这一领域出现的许多纠纷常常没有明确的法律调节方法，当事人往往采用民间私人解决的方式来处理纠纷，其公正性和正当性同样面临各种质疑而有待进一步的检验。

另外，在交易风险方面，因为一些民间融资活动目前仍然受到政策或金融制度和法律制度的限制，经营此类金融业务则需要考虑被政府政策和正式制度打击的风险，尽管这类业务可能因为规模的扩大而增加收益，但是其业务范围和规模的扩张也有可能招致金融监管当局的关注甚至惩罚。问题的另一面是，如果此类金融业务维持小规模经营，则其单笔交易的作业成本无法有效分摊，所以总体上的平均成本相对较高，难以实现金融服务的规模优势，而追求规模效益恰恰是金融业的行业优势所在，因此民间金融的运作范围与规模都存在扩张的内在压力。由此可见，民间金融其实是在一个有限的市场空间中运作的，这种限度约束着民间融资的资金只能在一个相对较小的范围和规模内实现融资，融资者相互之间利益相关度较高，产生较高的关联风险，使得融资风险难以有效对冲和分散。这种小范围内的风险震荡给其融资者带来的损失不容小视，在一些情况下，民间的借贷合同或者非正式的融资协议等，都是依靠严厉的惩罚机制来保证其实施的。

(4)交易结算机制。交易结算通常指交易价款的清算和合约到期交割的过程。农村民间借贷市场借贷资金的交易结算大多采用现金结算的方式，因为当前农村地区的金融交易平台功能相对欠缺且金融机构营业网点并未普及到广大自然村，而且农村居民对现代化金融工具的使用在技术上相对简单，大量资金往来活动和资金借贷活动仍处于人工交易的阶段，所以交易结算机制简单。

第二节　农村民间借贷市场的交易模型及其定价机制

第一种交易模型，即农村民间借贷最简单的交易形式，是有货币借贷资金需求的农户与能够提供货币借贷资金供给的农户之间，买者出价—卖者报价，结果有两种：一是立刻匹配成交，双方成对地借贷；二是未立刻匹配成交，则买者放弃出价或卖者放弃报价而离开市场。成交的借贷双方通过口头协议或者签订私人借款协议（通常表现为借款人向贷款人打欠条），确立双方的债权债务关系。这种私人协议或者欠条不能在市场上流通，贷款人持有它直到借款人偿还贷款为止。这个过程中，任何违反双方约定的纠纷情况，由双方私下处理或者通过法律程序处理。

第二种交易模型，即较为复杂的民间借贷交易形式，是借款人和贷款人通过中间人进行相匹配的成对借贷。中间人充当信息汇集与传递的枢纽，在很多情况下还充当清算中心，其作用在于促成匿名或实名的借贷双方互相匹配，一般情况下收取中介费用，可能是固定费率也可能是竞争性费率。借贷交易成功匹配的双方，按照共同的协议要求履行约定，直到借款人清偿债务为止。违约情况同上处理。

舒贝克（1999）认为，如果在市场交易中每个交易者只采取单一行动，例如买者出价—卖者报价的方式交易，那么这就是简单的市场机制。中国农村民间借贷的上述两种交易形式应属于简单的市场机制。按照舒贝克的方法，假设在一个交换经济中有（$m+1$）种商品进行市场交换，第（$m+1$）种商品是商品货币。假设存在贷款市场，则这时的商品交易市场上引入贷款的同时需要引入一个金融工具即借款的欠条。假设希望借款的类型 i 交易者，承诺在所有交易结束时向市场支付的货币数量为 b^i_{m+2}；希望贷款的类型 j 交易者向市场提供 q^j_{m+1} 数量的货币。在以下策略形式的博弈中：

$$(b_1^i, q_1^j, \cdots, b_m^i, q_m^j, q_{m+1}^j, b_{m+2}^i) \tag{5-1}$$

最后完成的是商品货币与欠条的交换。

这个市场中贷款的价格满足式(5-2)：

$$\frac{\sum_{i=1}^{m} b_{m+2}^i}{\sum_{j=1}^{m} q_{m+1}^j} = 1 + \rho \tag{5-2}$$

式(5-2)表示:1 加上贷款利率等于所有承诺支付的货币数量与所有提供的可贷货币数量之比。由此分离出的贷款利率,理论上反映了贷款价格的市场平均水平。

第三种交易模型,是农村民间借贷市场更为复杂的交易形式,近似于连续竞价市场交易模式。在一般连续竞价市场中,交易者提交的指令在每个交易时点上都与其他投资者的指令进行匹配,因而价格在不同时点上是近似连续波动的。连续竞价市场上的流动性是由限价指令提供的,没有即时成交的限价指令形成一个随时准备交易的限价指令簿,新指令到达市场后与限价指令簿的指令进行匹配,如果匹配就立即执行,如果不匹配,即形成一个新的限价指令留在指令簿上,等待下次指令进行匹配。连续竞价对流动性要求较高,其买卖申报指令按“价格优先,时间优先”的原则进行排序,当买入价大于或等于卖出价则自动撮合成交。

为说明这种市场交易的定价机制,下面对该市场的交易条件进行必要的假设：

(1)假设借贷市场上有两类交易者:一类是出价的资金借入者 i,也称出价购买者或知情交易者 i,共有 M 个;另一类是流动性提供者 j,也称借贷资金供给者 j 或贷款合约的卖出者 j,共有 N 个。

(2)假设市场中所有交易者的风险回避系数相等且为 r。

(3)假设交易者 i 的策略函数为 $q_i(p, \eta_i)$,表示报价者在特定价格下愿意交易的数量,即借款人在特定的利率下愿意借入的资金数量,其中,p 为市场价格;$\eta_i = \eta(\theta_i, r, I_i)$,表示交易者 i 的交易类型,它涉及交易者的私人信息 θ_i,交易者拥有的初始禀赋 I_i 即其在交易前持有的头寸。

在以上假设条件下，市场报价者即买者 i 关于市场交易的单方面定价为 $\hat{p}$，$\hat{p}\in[\underline{p},\bar{p}]$，它的概率分布函数 $F_i^B(\hat{p})$ 和概率密度函数 $f_i^B(\hat{p})$ 均满足连续性假设；买者 i 准备买入的数量为 q，$q=q(\hat{p})$，它的边际价值为 $V_i^B(q,\eta_i)$，则买者 i 的利润可表示为：

$$\pi_i^B(q(\hat{p}))=\int_0^{q(\hat{p})}V_i^B(x,\eta_i)\mathrm{d}x-\hat{p}q(\hat{p}) \tag{5-3}$$

作为理性的市场参与者，买者追求效用最大化，即

$$\max E\pi_i^B(q(p))=\max\int_{\underline{p}}^{\bar{p}}\left[\int_0^{q(p)}V_i^B(x,\eta_i)\mathrm{d}x-pq(p)\right]\mathrm{d}F_i^B(p) \tag{5-4}$$

买者的期望效用等于交易执行后的效用乘以指令被执行的概率，即买者 i 预期效用为：

$$E\pi_i(p,q)=\int_0^{q(p)}\pi^B(q(p))\mathrm{d}F_i^B(p) \tag{5-5}$$

报价者是知情交易者，作为买方，一方面希望出价最低实现其效用最大化，另一方面希望其报价能匹配成功。

求解 $\max E\pi_i(p,q)$，可得到买者 i 的报价。

例如，若令 $\eta_i=\eta(\theta_i,r,I_i)=\theta_i-r\sigma^2I_i$，$\sigma^2$ 为借款人的需求方差，则其报价为：

$$p=\eta_i-2\frac{F_i^B(p)}{f_i^B(p)} \tag{5-6}$$

这里，借款人的交易对象即借贷资金提供者的总收入可表示为：

$$T(Q)=\sum_{n=1}^{j}p_nq_n \tag{5-7}$$

对于流动性提供者而言，其最大化收益的策略是选择交易量使其边际价格等于报价者的边际报价，即流动性提供者的效用最大化行为是确定交易量，使自己的边际价值等于交易价格，而这个市场交易价格是满足流动性需求时的交易价格，即成交价格。

$$\frac{\partial T}{\partial Q}=\hat{p}(Q) \tag{5-8}$$

这种定价方式更关注借贷双方在市场上供给与需求的竞争与均衡。

将此交易模型中的条件加以调整，可用于描述农村民间借贷市场的一种较为复杂的交易过程。农村民间借贷市场上的借款人作为借贷资金的买方提出报价，对借贷资金的数量、期限和利率等信息是知情者；贷

款人作为借贷资金的供给者，是市场的流动性提供者，作为卖方参与市场交易。报价者借入资金的指令不一定能够立刻在市场上找到合适的匹配者完成交易，但是这个未实现的指令也不会就此消失，而是会形成类似于限价指令簿上的记录，停留在市场上，等待新的流动性提供者进入市场，产生新的匹配机会。农村民间借贷市场上的金融交易链能够通过这种连续竞价的方式建立起来，民间金融的融资范围相应地得以扩张和深化。

第三节 农村民间借贷市场利率的定价模型及其实证

一、农村民间借贷市场利率均衡定价模型

在农村民间借贷市场上，交易双方分别为贷款人和借款人，交易双方仅交易一种商品，即借贷资金。交易形成的借贷资金，对贷款人而言是一项金融资产，理论上讲，金融资产是持有者对经济中其他经济主体的债权，持有它是为了取得它所能提供的收益，或者作为价值贮藏手段实现资产保值。同时，这个借贷资金对借款人而言则是一项负债，是以偿还本金和利息为条件的信用抵押。金融资产价格与利率的市场微观均衡结构，是借贷市场中交易双方的净财富、收入、预期和效用函数综合作用的结果。由于不同的经济主体对资产收益、市场风险以及交易成本的评价不同，他们在借贷资金市场上做出不同的交易决策，以追求各自的收益最大化。另外，在借贷资金市场上需要融入资金的交易者之间则需要根据自己能够提供的预期支付收益来竞争资金，这样的竞争和相互作用，推动市场利率不断进行调整，以便达成交易，实现市场出清，最终形成市场均衡利率，由此形成的均衡利率是所有经济主体相互竞争作用

的结果。

在瓦尔拉斯均衡中,所有的市场都是出清的,即对市场上各种交易的商品,其总供给等于总需求。这个市场上的价格完全以这种方式运行:所有交易者接受市场价格,并且在这个价格体系下,所有交易者能够交换到自己需要的任何商品,从而确保了所有交易者的行为协调一致,市场最终表现出来的均衡需求和供给,仅仅是均衡价格信号的函数,即在既定的瓦尔拉斯均衡价格体系下,所有的市场需求和供给都相匹配,没有未满足的需求,也没有未提供出去的供给。在这个市场上,没有交易者能够实在地制定价格,正如阿罗(Arrow,1959)所说:"经济中各个独立参与者都视价格为既定,从而做出各自相应的购买和销售决策,没有人专门从事价格决定工作。"

非瓦尔拉斯均衡理论则在不作公理式的假设市场出清的前提下,建立非集中式定价的经济运行分析的理论框架,在这个框架中,市场交易的商品数量和价格信号共同被引入交易者市场行为决策中,价格由不同市场上分散的交易者相互作用所决定,从而允许不同的市场呈现不同的价格决定方式,使考察市场价格形成机制成为可能,而且,它修订了完全竞争市场下的需求和供给理论乃至价格理论,引入了市场非出清的可能性,进而使分析市场交易者个体的价格决定行为成为必要的工作。较之瓦尔拉斯均衡概念,非瓦尔拉斯均衡更具一般性,在各种不同制度环境中使用非瓦尔拉斯均衡概念更具现实意义。

农村民间借贷市场存在市场非出清的情况,这从本书第三章和第四章的现状报告中能够清楚地看到,这种情况的存在也说明,对农村民间借贷市场的均衡分析更适宜采用非瓦尔拉斯均衡分析方法。正因为农村民间借贷市场不是一个纯粹的瓦尔拉斯均衡市场,而市场出清的瓦尔拉斯均衡市场理论上不存在交易者定价问题,农村民间借贷市场存在交易者定价问题。本书对农村民间借贷市场利率均衡定价模型的构建,采用非瓦尔拉斯均衡理论方法,在货币经济的框架内考察具有纯交换经济特征的农村民间借贷市场的利率定价方式。

尽管均衡市场金融资产定价的理论模型假设严格并且构造简单,但它很清楚地反映了金融市场均衡的基本要求,即成交的金融资产需求总量等于负债发行总量，均衡利率是市场中的经济主体追求个体效用最大化行为导致的均衡结果。在更为现实的非出清市场情况下，非瓦尔拉斯均衡定价模型的基本思想对市场化力量处于初始发展阶段的发展中国家农村金融市场颇具解释能力；一个自主交易、具有市场效率而且市场配给不可操控的农村民间借贷市场，正是一个具备非瓦尔拉斯均衡配置良好市场特征的现实市场。

第一步，变量识别与选择。

作为成交价格的均衡利率的形成，受到各方面因素的影响，是多种因素共同作用的结果。根据信贷管理的基本思想，这些因素有来自借款人和贷款人方面的私人信息，主要是微观因素；有来自借贷双方共同受影响的公共信息，主要是宏观经济因素；也有来自市场交易平台的技术设施等方面的影响。为便于说明问题，现将这些因素集中且分类如表5-1、表5-2、表5-3、表5-4所示。

表5-1　借款人方面的微观因素

变量符号	变量定义	变量的经济含义
x_{11}	借款人的家庭收入（来源）模式	反映借款人的还款来源、还款能力
x_{12}	借款人的信用状况（违约）记录	反映借款人的还款意愿、道德风险
x_{13}	借款人的财富存量	反映借款人的财务实力的积累状况、资本金状况、资本实力等，承担风险损失的能力
x_{14}	借款人的还款担保	降低贷款风险的方法
x_{15}	借款人的借款用途	借款的潜在收益、潜在风险
x_{16}	借款人的筹资成本	借款人搜寻筹资机会和信息发生的交易成本，包括中介费、回扣、手续费等
x_{17}	借款人的其他筹资渠道	反映借款人的筹资替代品情况

表5-2　贷款人方面的微观因素

变量符号	变量定义	变量的经济含义
x_{21}	贷款人的资金成本	反映贷款人获得可贷放资金的财务成本
x_{22}	贷款人的服务作业成本	提供贷款的服务手续费、营业设施成本

续表

变量符号	变量定义	变量的经济含义
x_{23}	贷款人的风险管理成本	贷款风险管理过程中的支出、贷款违约管理
x_{24}	贷款人的预期贷款收益率	贷款人的目标利润率
x_{25}	贷款人的家庭收入来源模式	贷款人的自有资金增量来源状况
x_{26}	贷款人的理财模式	贷款人参与现代金融市场交易的程度，反映贷款的机会成本、贷款资金的其他可能用途及潜在收益机会

表 5-3　影响借贷双方的宏观经济因素

变量符号	变量定义	变量的经济含义
x_{31}	农村居民消费物价指数	反映通货膨胀率
x_{32}	金融机构一年期贷款利率	反映农村民间借贷替代品的价格水平
x_{33}	农民家庭人均收入	自有资金增量来源状况
x_{34}	正规金融机构发放的农业贷款数量	反映农村民间借贷替代品的数量

表 5-4　影响借贷双方的交易成本

变量符号	变量定义	变量的经济含义
x_0	交易成本	借贷双方利用农村金融交易平台时支付的费用

需要说明的是，在表 5－1 中的各因素（变量），还可以按照其影响的对象不同进行分组：对贷款人发放贷款的行为产生重要影响的因素（变量）分为一类，记作 X_1，包括变量 x_{11}，x_{12}，x_{13}，x_{14}，x_{15}；对借款人自身的借款行为产生重要影响的因素（变量）分为一类，记作 X'_1，包括变量 x_{11}，x_{13}，x_{15}，x_{16}，x_{17}。表 5－2 中的各因素（变量）作为一类，记作 X_2，包括变量 x_{21}，x_{22}，x_{23}，x_{24}，x_{25}，x_{26}。表 5－3 中的各因素（变量）作为一类，记作 X_3，包括变量 x_{31}，x_{32}，x_{33}，x_{34}。表 5－4 中的因素（变量）记作 X_0，包括变量 x_0。

需要特别说明的是，通常认为市场的供求关系是市场价格的决定因素，但是在上述因素列表里，本书并未将“市场供求状况”作为定价的影响因素，原因就是：能否对一个市场的真实供求关系进行充分客观的描述，在经济学理论中至今仍是一个悬而未决的问题。客观需求曲线的分析方法背后隐含的思想是，市场上各个交易者对经济体系充分了解，从而能够在各种情形下计算出各自面对的市场的客观真实的数量约束，同时必须能够计算出其他交易者制定的任何价格集合 p_{-i}，以及自己考虑了所有市场反馈后制定的价格集合 p_i。从涉及的所有的参数变量来看，让每一个交易者都全面掌握这个“真实的”客观市场需求曲线是一个十分严格的要求，理论上很理想，但实际运用时却相当有难度。实际上，每一个交易者都不知道市场上客观的供给曲线和需求曲线的真实参数，只能够通过市场观察到的价格、数量等有限信息对其进行估计，从而得到的是主观的供给曲线和需求曲线。一个可行的研究方法是接受主观需求和供给曲线，即各个交易者利用到目前为止能够获得的已被感知到的全部市场交易信息，只对市场的需求和供给曲线进行估计，估计所得的曲线被称为主观的或是感知到的市场需求和供给曲线。这种做法具有很强的现实意义。具体到农村民间借贷市场，单个贷款人或借款人根本无法准确获得关于整个借贷市场上资金供求的真实信息，而且市场上并没有成熟的中介机构向交易者公布此类信息，所以，贷款人对市场上借贷资金的充裕或是紧缺状况完全依靠个人经验判断，并不能准确地知道他所面对的市场需求的数量约束，可以说市场上的资金供求状况其实并没有实际地影响贷款人定价。因此，能够对借贷双方定价行为产生影响的因素，无论是直接的还是间接的信息，都必须是双方各自能够清晰感知到的信息，否则对定价过程的影响就无从谈起。

第二步，建立模型。

假设农村民间借贷市场上所有的交易者都具有经济理性，其市场交易行为和定价过程均遵循经典经济原则。假设农村民间借贷市场具备非出清的非瓦尔拉斯均衡条件，所有交易者自主交易，且交易无摩擦，所有互利的交易都能够成交，符合“短边”规则，市场配给过程不可操控。

上述定义的变量整理如下：

$X_1 = \{x_{11}, x_{12}, x_{13}, x_{14}, x_{15}\}$

$X_1' = \{x_{11}, x_{13}, x_{15}, x_{16}, x_{17}\}$

$X_2 = \{x_{21}, x_{22}, x_{23}, x_{24}, x_{25}, x_{26}\}$

$X_3 = \{x_{31}, x_{32}, x_{33}, x_{34}\}$

$X_0 = \{x_0\}$

来自宏观经济因素的公共信息对民间借贷市场交易双方都有重要影响,其结果具体表现在这些宏观经济因素形成的公共信息变量对民间借贷市场成交利率的影响上。借贷双方对宏观经济因素(变量)的反应,可以直接形成对借贷市场资金利率的预期 E_i,而这种预期又进一步成为对借贷双方各自定价的影响因素,在借款人所能够接受的市场利率与贷款人所提出的利率报价中发挥影响作用。公共信息对民间借贷市场利率价格预期 E_i 的影响作用表示为:

$$E_i = h(X_3) = h(x_{31}, x_{32}, x_{33}, x_{34}) \tag{5-9}$$

在农村民间借贷市场上,进行借贷资金交易的农户既可以作为借款人,也可以作为贷款人。作为交易者的农户在进入民间借贷市场时,无论作为借款人还是作为贷款人,他们都已就各自所希望交易的资金利率和资金量进行了心理决策,借款人由此形成出价,贷款人由此形成报价。借款人和贷款人在形成和制定各自的心理价格时,双方受到影响的私人信息变量不尽相同。借款人作为买方在制定出价时受到影响的因素可能包括 X'_1, X_3, X_0;贷款人作为卖方在制定报价时受到影响的因素可能包括 X_1, X_2, X_3, X_0。其中,X_1 中的因素能够帮助贷款人形成对借款人的信用状况评估,进而影响其制定贷款利率价格。还需要说明的是,公共信息变量 X_3 是通过形成民间借贷市场利率预期 E_i 进而对交易双方发挥影响作用的。

借款人定价的利率价格函数 y_D 表示为:

$$y_D = f_D(x) = f_D(X'_1, E_i, X_0) \tag{5-10}$$

贷款人定价的利率价格函数 y_S 表示为:

$$y_S = f_S(x) = f_S(X_1, X_2, E_i, X_0) \tag{5-11}$$

假设农村民间借贷市场上进行交易的商品只有一种,即借贷资金。设市场中有 n 个农户交易者,他们是借贷资金的交易主体,记作 $i = 1, 2, \cdots, n$。期初交易者 i 持有货币量(自有资金量)$\overline{m}_i \geqslant 0$,持有商品数量 $r_i \geqslant 0$。交易者 i 在这个民间借贷市场上可能购买这种商品即借入资金的数量为 $b_i \geqslant 0$,出售商品的数量即贷放的资金量为 $s_i \geqslant 0$,定义 $z_i = b_i - s_i$ 表示交易者 i 对此商品的净购买量,即交易者 i 作为借款人在市场借入资金，与其作为贷款人贷放资金，这两者之间的差额，用净融资额表示。交易的价格为 p，这里 p 具体地表现为借贷资金的利率价格 y。交易完成后，交易者 i 最终持有的商品数量 x_i 和货币数量 m_i 分别为：

$$x_i = r_i + z_i$$

$$m_i = \overline{m}_i - yz_i$$

后一个方程式是交易者的预算约束方程式。

设交易者 i 的效用函数为 $U_i(x_i, m_i) = U_i(r_i + z_i, m_i)$ （5－12）

在非出清的农村民间借贷市场上，借款人希望借入的资金量或贷款人希望贷放的资金量，与最终真正成交的交易量之间存在差异。从市场交换的角度来看，贷款人希望的供给 $\tilde{s}_i$ 与实际成交时实现的供给 s_i、借款人希望的需求 $\tilde{b}_i$ 与实际成交时得到满足的需求 b_i，彼此之间并不必然匹配，而只有最后成交的那部分交易量实现了供给和需求相等的条件，对交易者来说存在：$b_i \leqslant \tilde{b}_i, s_i \leqslant \tilde{s}_i$。

这个存在配给的市场同时被假设为不可操控的市场，设 $\bar{b}_i$ 表示市场所能够给予满足的需求，即有供给相匹配的那部分需求，这部分借款需求能够得到满足；设 $\bar{s}_i$ 表示市场上有资金需求相匹配的那部分资金供给。$\bar{b}_i$ 和 $\bar{s}_i$ 即为交易者 i 在市场上能够预见到的约束，具体表现为在市场上借贷资金需求量和供给量的数量信号，则市场满足以下关系：

$$b_i = \min(\tilde{b}_i, \bar{b}_i)$$

$$s_i = \min(\tilde{s}_i, \bar{s}_i)$$

农户的交易量实际上被限定在特定的约束所决定的范围之内，即

$-\bar{s}_i \leqslant z_i \leqslant \bar{b}_i$ （5－13）

农户进行交易的目标是在预算约束和数量限制的条件下实现效用最大化。

在非出清的市场上，正是由于存在无法按照市场均衡利率价格贷放出全部希望贷出的资金，贷款人才会提出或者接受更低的利率价格，试图重新与资金需求方达成交易的匹配；相应地，借款人无法按照均衡利率价格借到全部希望的资金量，才会提出或者接受更高的利率价格，试

图成交。在市场均衡利率的定价过程中，设交易的一方报价（通常是贷款人），另一方对价格作出反应，接受价格或进行讨价还价，或者直接拒绝交易。定价者通过改变价格以应付其面对的数量约束，或通过增加或减少购买量或销售量，来对对方提出的价格作出反应。

设 θ_i 为交易者 i 所能够感知到的民间借贷市场的主观需求曲线或供给曲线的特征参数。这里，交易者 i 在自己所能控制定价的市场上成为垄断定价者，作为贷款人其所能控制的贷款的最大数量 $\overline{S}_i$、贷款利率 y_S 之间的关系设为 $\overline{S}_i(y_S,\theta_i)$；作为借款人其所能控制的借款的最大数量 $\overline{D}_i$、借款利率 y_D 之间的关系设为 $\overline{D}_i(y_D,\theta_i)$。

在上述假设条件下，引入预期因素，可将定价模型表达如下：

交易者 i 在市场中面对约束 $\overline{b}_i$ 和 $\overline{s}_i$，将选择价格 y 以最大化其效用，即下列最优化问题中 y 的解 y^*，同时，市场交易实现的均衡交易量 z_i 为该问题的解 z_i^*：

$$\max U_i(x_i,m_i,E_i)=\max U_i(r_i+z_i,m_i,E_i) \tag{5-14}$$

$$\text{s. t.}\quad m_i=\overline{m}_i-yz_i$$

$$-\overline{s}_i\leqslant z_i\leqslant \overline{b}_i,$$

$\overline{S}_i(y_S,\theta_i)\leqslant z_i\leqslant \overline{D}_i(y_D,\theta_i)$，在交易者 i 定价的市场上。

二、农村民间借贷市场利率的实际水平

农村民间借贷市场的利率水平在不同的交易环境下呈现以下几种不同的状况。

第一种，非零利率。

调查显示，93 户调查对象中有 85 户农户通过私人间借款方式发生了民间借款，农户数量占 91.4%；产生借款的农户并非全部需要向贷款人支付利息，其中需要支付利息的农户 44 户，占全部 85 户农户的 51.76%，即调查对象的借款活动中有 48.24% 的交易是免息的，约占全部交易数量的一半。

另外，93 户调查对象中有 47 户农户通过私人放贷方式发生了民间贷款，农户数量占 50.54%；发生贷款的农户并非全部要向借款人收取

利息，其中收息的贷款者 27 户，占全部 47 户贷款农户数量的 57.45%，即调查对象的贷款活动中有42.55%的交易是免息的。

调查数据还显示出农村民间借贷市场的一个特别之处。在本组调查对象的全部 93 户农户中，有 12 户农户既是借款人又是贷款人，占农户数量的 12.9%，这些在同一个时刻既有借款又有贷款的农户，各自执行的借款利率跟自己的贷款利率相等，即无论借贷，同一个农户执行同一个借贷价格，不存在借贷利率差异；而不同的农户执行的利率大多不相同。除此之外，其余农户或者是单纯的借款人，或者是单纯的贷款人，作为借款人和贷款人的身份是不交叉的，或者说，身份是分离的，这样就形成了两个存在性质差异的交易者群体——借款人群体和贷款人群体。

对农村民间借贷市场利率的现实水平描述统计如下：本书选用调查资料农户记录中的指标“借款利息率”（表示为变量 ZD1701）、“放贷利息率”（表示为变量 ZD1201），分别衡量农户在民间借贷中作为借款人获得借贷资金时的支付价格——借款利率、作为贷款人提供借贷资金时的出售价格——贷款利率。这里选取两组相互独立的利率数据作为借款人和贷款人的价格进行分析，分别从借贷资金的需求者和供给者的角度来考察他们面对的交易价格。

首先来观察借款人支付利息时的利率，即借款人面对的支付价格——借款利率，如图 5-1 所示。

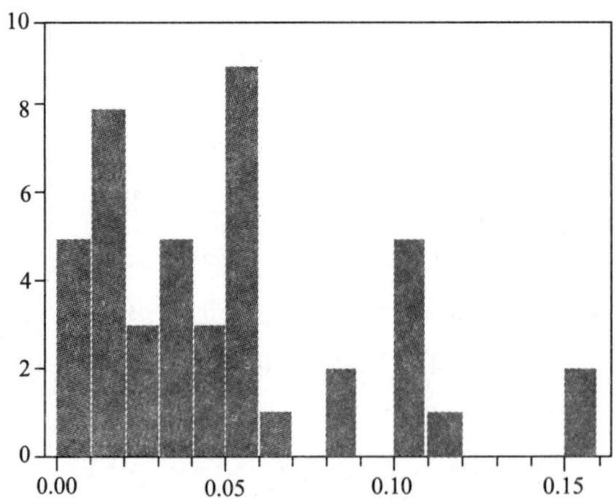

Series: ZD1701	
Sample 1 93	
Observations 44	
Mean	0.048241
Median	0.041850
Maximum	0.150000
Minimum	0.004900
Std.Dev.	0.037575
Skewness	1.075891
Kurtosis	3.503673
Jarque-Bera	8.953724
Probability	0.011369

图 5-1　ZD1701 的条形图和统计量

描述统计量的结果显示：在农村民间借贷市场上，借款人需要支付借贷利息的借款利率，其平均水平为月息 4.82%（合年利率 57.84%）。进一步估计时发现，若以 99% 的置信水平估计这些进行有息借贷的民间借贷活动，则作为借款人支付价格的利率水平为月息 3.27% ~ 6.37%（合年利率 39.24% ~76.44%）。估计过程如下：

样本均值 $\bar{x}=4.82\%$，样本方差 $s_{n-1}^2=1.41\times10^{-3}$，样本容量 $n=44>30$，为大样本，在 $\alpha=0.01$ 时，$t_{\frac{\alpha}{2}}(n-1)=t_{0.005}(43)=2.6951$，总体均值的置信区间为：

$$\left(\bar{x}-t_{\frac{\alpha}{2}}\frac{s_{n-1}}{\sqrt{n}},\bar{x}+t_{\frac{\alpha}{2}}\frac{s_{n-1}}{\sqrt{n}}\right)$$

$$=(0.0327,0.0637)$$

然后来观察贷款人收入利息时的利率，即贷款人面对的出售价格——贷款利率，如图 5-2 所示。

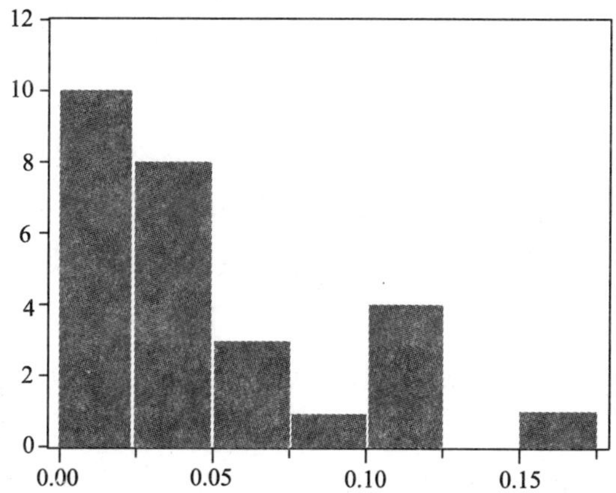

Series: ZD1201	
Sample 1 93	
Observations 27	
Mean	0.045726
Median	0.033300
Maximum	0.150000
Minimum	0.004900
Std.Dev.	0.036741
Skewness	1.247247
Kurtosis	3.648791
Jarque-Bera	7.473857
Probability	0.023827

图 5-2　ZD1201 的条形图和统计量

描述统计量的结果显示：在农村民间借贷市场上，贷款人收入利息的贷款利率平均水平为月息 4.57%（合年利率 54.84%）。若以 99% 的置信水平估计，则作为贷款人出售价格的贷款利率水平为月息2.67% ~ 6.47%（合年利率 32.04% ~77.64%）。估计过程同上，故此处略去。

由上述统计描述和估计的结果可见，在农村民间借贷市场上，从借款人角度进行的借款利率统计和从贷款人角度进行的贷款利率统计显示,它们的总体水平非常接近,借贷利率的平均水平上没有明显差异,可以理解为市场上借贷资金的供需均衡价格的平均水平:一方面,由于事实上借款人和贷款人身份基本分离,双方执行市场供需均衡的利率价格;另一方面,即使二者身份合一,交易者也未执行有差异的借款利率和贷款利率,从而使得这种民间借贷活动功能单一,成为货币资金互通有无、调剂余缺的枢纽,金融资源配置功能仍是它的首要功能。交易者未将民间借贷作为一种商业化行为并附加新的市场价值,进而将它塑造成金融市场上的一种规范化金融工具,因而目前农村民间借贷市场上尚未呈现可以观察到的利差收入空间,它为市场参与者提供金融资产类财产性收入的功能还有待开发。这反映出目前农村民间借贷市场仍处于发展初级阶段的资金融通市场,民间借贷是信用制度的最初形式,金融市场功能并不全面。作为能够提高农户收入的一种市场途径,农村民间借贷市场既需要交易者培育融资交易的市场意识和观念,追求个体金融资产市场价值最大化,同时也需要这个市场的交易平台对农户实现这种最大化目标提供更多技术性和制度性支持。

另外,统计结果所示的借贷价格年利率水平的下限数值,明显触及我国当前商业银行贷款利率的 4 倍。按照《最高人民法院关于人民法院审理借贷案件的若干意见》第 6 条的规定:民间借贷的利率可以适当高于银行利率,但最高不得超过银行同期贷款利率的 4 倍,超出部分的利息不予保护。就其中“利率最高不得超过银行同期贷款利率的 4 倍”的规定,农村民间借贷市场上出现的这种水平的利率,显然够得上“高利贷”的指称,但是,这种指称能否作为划分贷款经济性质的合理标准,尚存疑问。本书主张对农村民间借贷市场上市场力量自然形成的利率,首先作为一种市场定价的结果来认识,所以,本书将它们统一视作非零价格,而不再做其他划分。

第二种,零利率。

调查显示,农村民间借贷市场的借款活动中有 48.24% 的交易是免息的,贷款活动中有 42.55% 的交易是免息的,它们分别占到全部交易数量的大约一半。这种免息的借贷就是零利率借贷。

零利率借贷主要发生在“友情贷款”、“人情贷款”情况下。“友情贷款”的借贷关系发生在民间信用发达的熟人社会中，一般以血缘、地缘、人缘等社会化因素为关系纽带，例如亲朋好友、兄弟姐妹、乡里乡亲等，彼此充分了解个人的背景信息，借以形成借贷关系的信用基础以及控制贷款风险的相关措施，撮合借贷交易完成。这种交易方式具备降低借贷价格的有利条件，例如能够节省对借款人信用信息收集和识别的交易成本；能够降低违约的道德风险和逆向选择的机会，从而解决利率中包含的风险溢价问题，直接降低交易价格即利率水平。这种类型的贷款可能成为互助性贷款，今日的贷款人可以预期在未来自己能够直接享受同样的优惠条件获得贷款。这种零利率借贷的存在，依赖并反映着特定交易范围内的社会资本资源配置状况，是特定文化的产物，同时需要这种文化背景的支撑。零利率借贷行为广泛地存在于中国城市和农村各个层面的社会经济中，并非农村民间借贷市场所独有，但目前仍未见它在陌生人社会得到复制和推广，未见它成为现代金融市场上的一种可被广泛使用的规范化金融工具。作为一种对民间信用的定价，零利率并不是单期借贷市场交易双方市场定价的结果，即它不是静态市场均衡的结果，而可能是一种跨期交易的动态市场均衡价格，例如可以将它视作对民间借贷市场借贷资金的看涨期权，并设定当前期权合约上的价格为零利率。在这个定价过程中，需要对交易者在理性经济人假设基础上增加其社会人的行为约束，即认为交易者能够利用社会资本来追求或实现个体的经济目标。在经济高度货币化发展的情况下，某些原来潜在的社会资本被显化、被货币化乃至被市场定价。经济主体如果从社会资本的角度去梳理自己占有的各种社会资源，评估它们的市场价值，进一步深挖将它们商品化的市场机会，开辟市场空间以至进行成熟的市场化运作，在这种情况下，类似民间借贷市场零利率借贷的行为都具有明显的经济理性。当然，对提供零利率贷款的贷款人将其社会资本中哪些因素进行了货币化处理，目前还不清楚，而且这个中间有相当大的个体差异性，涉及人的社会心理及价值观等诸多方面，现在还没有相应的统计数据显示准确的信息，因此目前对这个问题的研究还有困难。

三、公共信息因素影响下利率预期的实证

影响市场利率的公共信息主要是一些宏观经济因素，其影响是通过参与市场交易的农户对这些宏观经济因素的理解和反应而形成的。一般来说，农户可以直接观察到的宏观经济指标中，对民间借贷利率产生显著影响的因素主要有：农村居民消费物价指数、金融机构一年期贷款利率、农民家庭人均纯收入、民间借贷市场利率平均水平等。为考察这些宏观经济因素对农户民间借贷利率的影响方向及程度，本书选取我国1980～2009年14个可以取得数据的年度进行分析，如表5-5所示。

表5-5　我国经济发达地区相关宏观经济指标的各年度数据

年度	民间借贷市场利率平均水平（%）	农村居民消费物价指数	金融机构一年期贷款利率（%）	农民家庭人均纯收入（元）
1980	34.80	106	12.00	191.33
1983	26.40	101.5	12.00	309.77
1985	36.00	115	7.92	397.6
1990	34.80	100.8	10.08	1099.04
1995	30.00	111.4	12.06	2966.19
1998	26.40	97.6	7.92	2161.98
2001	18.00	98.1	5.85	4253.67
2003	10.59	101.6	5.31	5389.04
2004	14.40	104.8	5.31	5944.06
2005	12.86	101.8	5.58	6659.95
2006	10.21	100.7	6.56	7334.81
2007	11.63	103	7.20	8280.8
2008	11.82	103.1	7.68	9521.2
2009	12.00	103.7	7.94	10520

资料来源：(1)温州市统计局：《2007年温州统计年鉴》，中国统计出版社。

(2)根据1978～2009年《中国统计年鉴》数据整理。

(3)《农户民间借贷入户调查》①。

① 中国人民银行农户借贷情况问卷调查分析小组：《农户借贷情况问卷调查分析报告》，经济科学出版社，2009年9月。

将表 5 –5 中的宏观经济指标分别定义为如下指标变量：

被解释变量：EI = 民间借贷市场利率平均水平；

解释变量：

X31 = 农村居民消费物价指数；

X32 = 金融机构一年期贷款利率；

X33 = 农民家庭人均纯收入。

首先利用表 5 –5 中的历史数据检验各变量数据间的独立性，各变量间的协方差如表 5–6 所示。

表 5–6　各变量间的协方差

	EI	X31	X32	X33
EI	0.009576	0.197297	0.001709	–298.7928
X31	0.197297	20.90352	0.035633	–3679.248
X32	0.001709	0.035633	0.000575	–47.88163
X33	–298.7928	–3679.248	–47.88163	11673487

结果表明，各变量具有很强的独立性。

然后，为避免产生严重的多重共线性问题而影响模型检验结果，给出各变量之间的相关系数矩阵，如表 5–7 所示。

表 5–7　各变量间的相关系数

	EI	X31	X32	X33
EI	1.000000	0.440971	0.728458	–0.893656
X31	0.440971	1.000000	0.325115	–0.235532
X32	0.728458	0.325115	1.000000	–0.584609
X33	–0.893656	–0.235532	–0.584609	1.000000

结果显示，表中所有自变量之间的相关系数偏低，变量间不存在严重的多重共线性问题。

针对民间借贷利率受到宏观经济因素的影响，建立简单多元回归模型：

$$EI = \beta_0 + \beta_1 X31 + \beta_2 X32 + \beta_3 X33 + \varepsilon \quad (5-15)$$

回归方程的系数估计结果如下：

Dependent variable: EI

Method: Least squares

Sample: 1 14

Included observations: 14

Variable	Coefficient	Std. Error	t – Statistic	Prob.
C	-0.212656	0.236146	-0.900526	0.3890
X31	0.004127	0.002310	1.786821	0.1043
X32	1.053572	0.527676	1.996628	0.0738
X33	-2.00E-05	3.60E-06	-5.544374	0.0002
R – squared	0.896232	Mean dependent var		0.207079
Adjusted R – squared	0.865102	S. D. dependent var		0.101553
S. E. of regression	0.037299	Akaike info criterion		-3.504755
Sum squared resid	0.013912	Schwarz criterion		-3.322167
Log likelihood	28.53329	F – statistic		28.78968
Durbin – Watson stat	1.977966	Prob(F – statistic)		0.000031

截距项估计值的 t－统计量概率为 0.3890，在 $\alpha=0.1$ 的检验水平不显著。其他系数估计值均在 $\alpha=0.1$ 检验水平下显著。

根据上述估计结果，回归方程的估计形式可以具体表示为：

$$EI = -0.212656 + 0.004127X31 + 1.053572X32 - 2.0 \times 10^{-5}X33 \tag{5-16}$$

$R^2=0.896232$，$\overline{R}^2=0.865102$

方程拟合优度较大，市场交易价格模型方程在 F－检验的 1% 水平上显著，说明模型中的解释变量能够解释因变量的大部分变动情况；DW 统计量值为1.977966，显示残差序列不存在正的自相关。民间借贷利率的平均水平受到农村消费物价指数和正规金融机构贷款利率的正向影响，特别地，当农村的正规金融机构同期的一年期贷款利率提高 1% 时，民间借贷利率提高 1.0536%；农村居民家庭人均纯收入的变动对民间借贷利率的影响是反向，随着农民纯收入的增加，民间借贷利率的平均水平反而在下降。

根据上述回归结果，在截距项不显著的情况下，对式（5－15）去掉截距项后再次进行 LS 回归，结果如下：

Dependent variable：EI

Method：Least squares

Sample：1 14

Included observations：14

Variable	Coefficient	Std. Error	t-Statistic	Prob.
X31	0.002102	0.000523	4.016612	0.0020
X32	1.063290	0.523012	2.033012	0.0669
X33	-2.07E-05	3.47E-06	-5.963559	0.0001
R-squared	0.887817	Mean dependent var		0.207079
Adjusted R-squared	0.867420	S. D. dependent var		0.101553
S. E. of regression	0.036977	Akaike info criterion		-3.569638
Sum squared resid	0.015040	Schwarz criterion		-3.432697
Log likelihood	27.98747	Durbin-Watson stat		1.855889

方程系数估计值的显著水平有所提高，*X*31 和 *X*33 的系数估计值均在 $\alpha=0.01$ 的检验水平下显著，*X*32 的系数估计值在 $\alpha=0.1$ 检验水平下显著。

根据上述估计结果，回归方程的估计形式可以具体表示为：

$$EI=0.002102X31+1.063290X32-2.07\times10^{-5}X33$$

$$R^2=0.887817, \overline{R}^2=0.867420$$

方程拟合优度较大，说明模型中的解释变量能够解释因变量的大部分变动情况。DW 统计量值为 1.855889，显示残差序列不存在正的自相关。民间借贷市场利率的平均水平受到农村消费物价指数和正规金融机构贷款利率的正向影响，特别地，当农村的正规金融机构同期的一年期贷款利率提高 1% 时，民间借贷利率提高 1.06329%；农村居民家庭人均纯收入的变动对民间借贷利率的影响是反向，随着农民纯收入的增加，民间借贷利率的平均水平反而下降。

四、基于市场交易者私人信息的利率定价实证分析

发展中国家农村民间借贷利率的形成问题备受关注，各国研究成果不断涌现。加塔克（Subrata Ghatak，1987）从供给的角度考察了乡村借贷利率的决定过程，认为非正式金融的利息率（r）基本上由四个因素决定：管理费或交易成本（α）、风险溢价或风险成本（β）、放款的机会成本（γ）和垄断利润（π），继而给出了一个描述性的利率决定公式：$r=\alpha+\beta+\gamma+\pi$。

霍夫和斯蒂格利茨（Hoff 和 Stiglitz，1990）从信息经济学的角度对非正规金融市场的利率问题做出解释，认为无论是垄断还是竞争的观点都不能解释利率高的问题，其利率高的主要原因是信息不完全导致市场不完整，无论是借款人还是贷款人都不能得到完整的信息。因此，其利率相对于正规金融市场的利率要高些。他们的模型分析了正规金融市场与民间金融市场并存且民间金融市场上的资金部分来源于正规金融市场的情形，结果表明，由于私人放款者之间的策略互动、执行成本和声誉机制等因素的存在，正规金融市场上的信贷补贴有可能会引起更多的私人放款者进入该市场，导致民间借贷利率上升。

古普塔和乔德赫瑞（GuPta 和 Chaudhuri，1997）在其民间借贷利率决定模型中确定了三个参与者：农民、正规金融机构官员和私人放贷者。农民向正规金融机构的官员行贿以得到正规金融市场的贷款，因此其正规贷款的成本除了规定的利率外，还包括行贿的成本。当正规信贷与私人借贷之间是相互替代关系时，信贷政策能够降低私人借贷利率。

利率是借贷市场资金供求双方竞争、各种市场化力量相互作用的结果，影响它定价的因素是多方面的，在中国农村民间借贷市场上，这些因素包括了这个市场特定环境的具体影响，除了加塔克模型中的几个因素之外，还涉及市场上资金的总体供求状况、地域文化习俗、地区经济水平、通货膨胀水平、同期正规金融机构贷款利率水平等。为便于分析问题，可以将这些因素分为宏观因素和微观因素，宏观因素如上述补充的各项；微观因素如加塔克模型中的各项，以及借款人的还款能力和信用

状况、放款人的收益模式等。一方面,市场的微观经济主体,这里就是进行借贷的农户,将宏观经济因素的状态作为既定事实来面对,这构成了经济主体进行微观决策时的环境约束,它们深刻地影响着经济主体的市场行为决策,但是短期内经济主体不能通过改变这个约束条件来促进个体经济目标的实现;另一方面,经济主体能够通过改变自己的微观条件来促进个体经济目标的实现。基于这种认识,本书重点关注影响农户民间借贷利率的微观因素。

农村民间借贷市场的利率取值本身是连续的,但是由于受到现实因素的影响,在当前的民间借贷中出现零利率,实地调查数据也显示了这种情况的客观存在,因此,因变量的观测值实际上来源于总体的一个受限制的部分,因而不能完全反映总体的实际特征,故在如下的分析中采用受限因变量模型。

鉴于利率非负的一般性质,在模型中作为审查临界点的左端点为零,故令 $\underline{c}_i=0$;且其审查临界点没有右端点,故令 $\bar{c}_i=+\infty$。此时模型为规范的审查回归模型,即 Tobit 模型。

对于多元线性回归模型:

$$y_i = X_i'\beta + \varepsilon_i \tag{5-17}$$

引入因变量 y 的潜在变量 y^*,式(5-17)改写为:

$$y_i^* = X_i'\beta + \sigma\varepsilon^* \tag{5-18}$$

其中,σ 是比例参数。建立因变量 y_i 与其潜在变量 y_i^* 如下的对应关系:

$$y_i = \begin{cases} \underline{c}_i, y_i^* \leqslant \underline{c}_i \\ y_i^*, \underline{c}_i \leqslant y_i^* \leqslant \bar{c}_i \\ \bar{c}_i, y_i^* \geqslant \bar{c}_i \end{cases} \tag{5-19}$$

考察农村民间借贷市场各微观因素对农村民间借贷市场利率的影响,以下分别从借款人和贷款人的角度进行分析,同时,对农户借款人和贷款人建立不同的回归模型。

1. 借款人利率定价模型与实证

这里考察借款人在市场交易过程中利率定价受到私人信息的影响,

即相关微观因素对借款人利率出价的影响。这些信息主要反映借款人对其自身还款能力和风险抵抗能力的认知和价值评估，与民间借贷市场交易的信息传递、风险防范等机制关系密切。以下模型中选择的变量是对本节理论模型中相关变量的具体化。

利用实地调查资料中的相关信息，基于现实调查可得的数据，选择设计变量如表 5-8 所示。

表 5-8　借款人方面私人信息变量选择

变量符号	变量定义	变量的经济含义	变量分类
ZD17 或 y	借款利率	借款人实际支付的利率	被解释变量
ZD6	在正规金融机构的存款占剩余资金的比例	反映借款人的储蓄力度	解释变量
ZD14	通过民间融资借款占家庭全部借款的比例	反映借款人对民间融资的依赖程度	解释变量
ZD18	借款用于生活消费的比例	借款人的借款用途（隐含潜在风险和收益率）	解释变量
ZD19	借款用于务农生产和商业经营的比例	借款人的借款用途（隐含潜在风险和收益）	解释变量
ZD25	家庭收入模式	反映借款人还款来源的可能渠道	解释变量

上述变量中，将“家庭收入模式”（ZD25）定义为虚拟变量，它表示：

$$ZD25=\begin{cases}1, \text{农业生产模式}\\0, \text{非农业生产模式}\end{cases}$$

各变量的描述性统计结果如表 5-9 所示。

表 5-9　各变量的描述统计量

	ZD17	ZD6	ZD14	ZD18	ZD19	ZD25
Mean	0.022824	0.687582	0.679785	0.552500	0.354409	0.500000
Median	0.000000	0.700000	0.700000	0.600000	0.350000	0.500000
Maximum	0.150000	1.000000	1.000000	1.000000	1.000000	1.000000
Minimum	0.000000	0.100000	0.000000	0.000000	0.000000	0.000000

续表

	ZD17	ZD6	ZD14	ZD18	ZD19	ZD25
Std. Dev.	0.035303	0.225755	0.336594	0.298184	0.291974	0.502740
Skewness	1.787203	-0.339123	-0.668782	-0.167676	0.294432	0.000000
Kurtosis	5.709600	2.225150	2.194649	2.139043	2.018458	1.000000
Jarque-Bera	77.95846	4.020718	9.445962	3.272549	5.076971	15.33333
Probability	0.000000	0.133941	0.008889	0.194704	0.078986	0.000468
Sum	2.122600	62.57000	63.22000	50.83000	32.96000	46.00000
Sum Sq. Dev.	0.114660	4.586868	10.42320	8.091125	7.842892	23.00000
Observations	93	91	93	92	93	92

统计显示了当前农村经济的一种状况，这些参与调查的农户中，民间借贷利率平均水平为月利率2.2824%（合年利率27.3888%）；平均每户农户借款需求中有67.97%的部分是向农村民间借贷市场融资解决的；每户农户的借款中平均约55.25%的部分用于生活消费，包括日常消费、应急支出等；农户将借款用于务农生产或者商品经营的比例，平均每户约为35.44%；家庭收入模式中，从事农业生产和从事农业生产以外的其他经营活动的农户数量各占一半。

为检验所选择的各随机变量之间的独立性，给出它们的协方差矩阵，如表5-10所示。

表5-10 各变量间的协方差

	ZD17	ZD6	ZD14	ZD18	ZD19	ZD25
ZD17	0.001194	0.001954	0.000893	0.001258	0.000562	-0.000474
ZD6	0.001954	0.050044	0.000647	0.012453	-0.005625	0.020134
ZD14	0.000893	0.000647	0.111043	0.041864	-0.007667	-0.005586
ZD18	0.001258	0.012453	0.041864	0.082967	-0.047288	0.001356
ZD19	0.000562	-0.005625	-0.007667	-0.047288	0.075891	0.008832
ZD25	-0.000474	0.020134	-0.005586	0.001356	0.008832	0.249968

结果显示，自变量间存在很强的独立性。

为避免产生严重的多重共线性问题而影响模型检验的结果，给出各变量之间的相关系数矩阵，如表5-11所示。

表 5–11 各变量间的相关系数

	ZD17	ZD6	ZD14	ZD18	ZD19	ZD25
ZD17	1.000000	0.252862	0.077578	0.126413	0.059044	−0.027468
ZD6	0.252862	1.000000	0.008680	0.193266	−0.091275	0.180015
ZD14	0.077578	0.008680	1.000000	0.436162	−0.083520	−0.033531
ZD18	0.126413	0.193266	0.436162	1.000000	−0.595945	0.009415
ZD19	0.059044	−0.091275	−0.083520	−0.595945	1.000000	0.064126
ZD25	−0.027468	0.180015	−0.033531	0.009415	0.064126	1.000000

结果显示，表 5 – 11 中所有自变量之间的相关系数都很低，它们之间不存在严重的多重共线性问题。

从借款人影响利率的因素考虑，建立回归模型如下：

$$y^* = \beta_0 + \beta_1 ZD6 + \beta_2 ZD14 + \beta_3 ZD18 + \beta_4 ZD19 + \beta_5 ZD25 + \varepsilon^* \quad (5-20)$$

其中，y^* 是因变量 y 的潜在变量。

使用 Eviews 估计式（5–20）所示的模型，结果为：

Dependent variable：ZD17

Method：ML-Censored Normal（TOBIT）（Quadratic hill climbing）

Sample（adjusted）：1 92

Included observations：89 after adjustments

Left censoring（value） at zero

Convergence achieved after 6 iterations

Covariance matrix computed using second derivatives

	Coefficient	Std. Error	z-Statistic	Prob.
C	−0.186137	0.073891	−2.519075	0.0118
ZD6	0.082493	0.032524	2.536387	0.0112

续表

	Coefficient	Std. Error	z-Statistic	Prob.
ZD14	0.011116	0.023499	0.473035	0.6362
ZD18	0.124978	0.075763	1.649592	0.0990
ZD19	0.149459	0.073933	2.021555	0.0432
ZD25	-0.017142	0.014225	-1.205091	0.2282
SCALE:C(7)	0.056059	0.006735	8.323150	0.0000
R-squared	0.092621	Mean dependent var		0.022052
Adjusted R-squared	0.026228	S.D. dependent var		0.034744
S.E. of regression	0.034285	Akaike info criterion		-0.634249
Sum squared resid	0.096388	Schwarz criterion		-0.438513
Log likelihood	35.22407	Hannan-Quinn criter.		-0.555354
Avg. log likelihood	0.395776			
Left censored obs	47	Right censored obs		0
Uncensored obs	42	Total obs		89

估计结果显示，变量 ZD14 的系数估计值不显著，常数项和变量 ZD6、ZD19 的系数估计值在 $\alpha = 0.05$ 的检验水平上显著，变量 ZD18 在 $\alpha = 0.10$ 的检验水平上显著，说明这些变量对应的微观因素对农村民间借贷市场利率有较显著的影响。

根据估计结果，将回归方程的估计形式具体化为下式：

$$y^* = -0.186137 + 0.082493ZD6 + 0.011116ZD14 + 0.124978ZD18 + 0.149459ZD19 - 0.017142ZD25 \quad (5-21)$$

$$R^2 = 0.092621, \overline{R}^2 = 0.026228$$

原始的实地调查数据中，利率的表示方法采取了民间流行的月息方式，使用的利率数据全部为月利率。相应地，本书利率实证分析部分全部采用这种形式表示利率，即月利率。为同理论上习惯使用的年利率取得一致，可将式(5-21)改写成：

$$y^* = -2.233644 + 0.989916ZD6 + 0.133392ZD14 + 1.499736ZD18 + 1.793508ZD19 - 0.205704ZD25 \quad (5-22)$$

估计结果分析：

审查回归模型的估计系数一般被解释为自变量的变化对因变量均值的影响以及对因变量被观察到的概率影响。上述回归方程中，解释变量 ZD6 按其经济含义系反映了借款人的储蓄力度，通常能够反映其储蓄倾向；它的系数估计值表示借款人在消费后剩余资金中储蓄存款的比例增加 1 个单位（这里是 1%），则借款人在民间借贷市场中所能接受的借款年利率平均水平提高 0.9899 个单位（这里是0.9899%）。变量 ZD18 是借款人将借款用于生活消费的比例，借款人的这种借款用途因其非生产性消耗性质，通常被认为隐含着潜在的偿还风险，系数估计值显示借款人的这种用款比例每增加 1 个单位（这里是 1%），则其接受的市场借款年利率平均水平提高 1.4997 个单位（这里是 1.4997%）。变量 ZD19 是借款用于务农生产和商业经营的比例，它也是借款人的一种借款用途，但是这里存在较强的不确定性，因而这种用途中其实隐含的风险和收益机会都较大，它的系数估计值显示，当借款人的这种用款比例增加 1 个单位时（这里是 1%），则其接受的市场借款年利率平均水平提高 1.7935 个单位（这里为 1.7935%）。变量 ZD25 是一个虚拟变量，它的系数估计值为负，表示家庭收入模式变化由非农生产经营收入向农业生产经营收入转变，会导致借款人在农村民间借贷市场上接受的借款价格平均水平下降0.2057个单位。以上反映了借款人方面对民间借贷市场利率有比较显著影响的一些微观因素，以及它们产生影响的方向和从平均水平上看的作用力度。变量 ZD14 的系数估计值不显著，而且数值较小，说明借款人对民间融资的依赖程度对借款利率的平均水平没有显著影响。

2. 贷款人利率定价模型与实证

下面考察贷款人方面的相关微观因素形成的私人信息变量对民间借贷利率的影响，如表 5-12 所示。

表 5-12　贷款人方面私人信息变量选择

变量符号	变量定义	变量的经济含义	变量作用类别
ZD12 或 y	贷款利率	贷款人报价的利率	被解释变量
ZD6	在正规金融机构存款占剩余资金的比例	反映贷款人的储蓄存款倾向	解释变量
ZD8	商业经营投资占全部剩余资金的比例	反映贷款人进行非农投资的资金力度	解释变量
ZD9	证券投资占全部剩余资金的比例	反映贷款人参与现代金融市场交易的资金力度	解释变量
ZD18	借款人将借款用于生活消费的比例	借款人的借款用途(隐含贷款的潜在风险和收益)	解释变量

上述各变量的描述性统计结果如表 5-13 所示。

表 5-13　各变量的描述统计量

	ZD12	ZD6	ZD8	ZD9	ZD18
Mean	0.013275	0.687582	0.114516	0.054839	0.552500
Median	0.000000	0.700000	0.000000	0.000000	0.600000
Maximum	0.150000	1.000000	0.600000	1.000000	1.000000
Minimum	0.000000	0.100000	0.000000	0.000000	0.000000
Std. Dev.	0.028583	0.225755	0.171430	0.161694	0.298184
Skewness	2.697282	-0.339123	1.524371	4.653091	-0.167676
Kurtosis	10.29047	2.225150	4.384638	26.40017	2.139043
Jarque - Bera	318.7274	4.020718	43.44668	2457.421	3.272549
Probability	0.000000	0.133941	0.000000	0.000000	0.194704
Sum	1.234600	62.57000	10.65000	5.100000	50.83000
Sum Sq. Dev.	0.075161	4.586868	2.703703	2.405323	8.091125
Observations	93	91	93	93	92

由表 5 - 13 可见，调查中贷款人放贷的月利率平均价格为 1.3275%（合年利率15.93%），这个平均水平的计算中，包括了全部免息贷款的零利率，而且，实际发放贷款的人数比例明显少于借款人比例，所以这个

平均价格水平低于借款人支付的借款利率平均水平。

为检验所选择的各随机变量之间的独立性，以下给出它们的协方差矩阵，如表 5-14 所示。

表 5-14　各变量间的协方差

	ZD12	ZD6	ZD8	ZD9	ZD18
ZD12	0.000829	-0.000855	-0.000368	0.000144	-0.002279
ZD6	-0.000855	0.049869	-0.024375	-0.004814	0.013437
ZD8	-0.000368	-0.024375	0.029589	-0.000993	-0.012809
ZD9	0.000144	-0.004814	-0.000993	0.006425	-0.003744
ZD18	-0.002279	0.013437	-0.012809	-0.003744	0.085352

结果显示，自变量间存在很强的独立性。

同样，为避免产生严重的多重共线性问题而影响模型检验的结果，给出各变量之间的相关系数矩阵，如表 5-15 所示。

表 5-15　各变量间的相关系数

	ZD12	ZD6	ZD8	ZD9	ZD18
ZD12	1.000000	-0.133047	-0.074332	0.062225	-0.270872
ZD6	-0.133047	1.000000	-0.634555	-0.268937	0.205963
ZD8	-0.074332	-0.634555	1.000000	-0.071991	-0.254883
ZD9	0.062225	-0.268937	-0.071991	1.000000	-0.159865
ZD18	-0.270872	0.205963	-0.254883	-0.159865	1.000000

结果显示，表 5－15 中所有自变量之间的相关系数偏低，它们之间不存在严重的多重共线性问题。

从贷款人影响利率的因素考虑，建立回归模型，如式(5-23)所示：

$$y^* = \beta_0 + \beta_1 ZD6 + \beta_2 ZD8 + \beta_3 ZD9 + \beta_4 ZD18 + \varepsilon^* \qquad (5-23)$$

其中，y^* 是因变量 y 的潜在变量。

使用 Eviews 估计式(5-23)所示的模型，结果为：

Dependent variable：ZD12

Method:ML-Censored Normal(TOBIT) (Quadratic hill climbing)

Sample:1 93

Included observations:90

Left censoring(value) at zero

Convergence achieved after 6 iterations

Covariance matrix computed using second derivatives

	Coefficient	Std. Error	z-Statistic	Prob.
C	0.120803	0.046525	2.596504	0.0094
ZD6	-0.123442	0.053573	-2.304191	0.0212
ZD8	-0.172373	0.071073	-2.425291	0.0153
ZD9	-0.102532	0.113745	-0.901422	0.3674
ZD18	-0.088455	0.030898	-2.862805	0.0042
SCALE:C(6)	0.061893	0.009598	6.448506	0.0000
R-squared	0.186833	Mean dependent var		0.013718
Adjusted R-squared	0.138431	S.D. dependent var		0.028955
S.E. of regression	0.026876	Akaike info criterion		-0.077315
Sum squared resid	0.060674	Schwarz criterion		0.089339
Log likelihood	9.479168	Hannan-Quinn criter.		-0.010110
Avg. log likelihood	0.105324			
Left censored obs	63	Right censored obs		0
Uncensored obs	27	Total obs		90

估计结果显示,除了变量ZD9的系数估计不显著外,其他参数估计值在5%的显著性检验水平上是显著的,说明上述微观因素从贷款人的供给角度来看对农村民间借贷市场上的利率影响是显著的。根据上述输出结果,将回归模型的估计形式可具体化为式(5-24):

$$y^* = 0.120803 - 0.123442ZD6 - 0.172373ZD8 - 0.102532ZD9 - 0.088455ZD18 \quad (5-24)$$

$R^2 = 0.186833, \bar{R}^2 = 0.138431$

因为调查数据中使用的利率数据单位全部为月利率,这里,为同理

论上习惯使用的年利率取得一致,可将式(5-24)改写成:

$$y^* = 1.449636 - 1.481304ZD6 - 2.068476ZD8 - 1.230384ZD9 - 1.06146ZD18 \quad (5-25)$$

估计结果分析:

就实地调查的农户借贷数据显示的平均水平而言,农户贷款人在正规金融机构的存款金额在其家庭消费后的剩余资金中所占的比例每增加1个单位(这里是1%),则其放贷的年利率降低约1.48个单位(这里是1.48%);当贷款人使用消费后剩余的资金进行商业经营投资时,其投资金额占其家庭剩余资金的比例每增加1个单位(这里是1%),则其放贷的年利率降低约2.07个单位(这里是2.07%);作为放贷对象的借款人,如果在借款时声明此项借款的用途包括生活消费,则贷款的利率会受此影响,借款人计划将借款用于消费的比例每增加1个单位(这里是1%),贷款的年利率降低约1.06个单位(这里是1.06%)。由于当前中国农村的农户参与现代金融市场投资的经济行为尚不普遍,农户用于证券投资的资金数量占其全部剩余资金的比例平均是5.48%,这偏小的比例水平使得变量ZD9对农户贷款的影响不显著。

正如选择贷款人方面的影响因素时对各个变量的经济含义所作的解释那样,变量ZD6在一定程度上反映了贷款人选择固定收益存款对各种风险的规避愿望,当这部分资金的比例加大时,说明其抗风险的账面能力在增加;ZD8反映了贷款人利用自有剩余资金创造利润收益的机会,当这部分资金的比例加大时,说明贷款人创造利润机会的努力程度在提高。这些来自贷款人微观个体经济行为的信息和来自借款人借款用途的私人信息,直接影响着民间借贷市场上贷款人提供资金供给时的利率报价,而且,实证数据显示,这些私人信息和微观方面因素对贷款利率报价的影响全部都是反方向的。

第六章　农村民间借贷市场有效性检验与交换效率测度模型及其实证

本章遵循经济学应用研究逻辑，由对农村民间借贷市场微观结构及其定价过程的实证研究，转入对市场效率测度与评价的规范研究。农村民间借贷市场能否有效地帮助农户实现借贷和完成融资？这涉及农村民间借贷市场的有效性以及市场的交换效率等问题。

金融市场效率通常包括配置效率、信息效率、运行效率和交易效率等。其中，配置效率的存在以信息效率同时存在为前提。信息效率主要指市场交易价格对市场信息传递与反映的有效性；运行效率涉及达成交易的过程中对交易成本的节约；交易效率主要指非出清的市场上供求量的相互匹配程度。

本书对农村民间借贷市场效率的研究重点是其信息效率，同时涉及其交易效率和运行效率。对市场效率的检验与测度都仅限于市场交易的结清，不涉及借贷交易完成之后借款人对借款的使用过程，即其投资与生产过程，对效率的评价不依赖借贷资金的产出，这是本书对农村民间借贷市场效率测度的前提条件。

第一节　农村民间借贷市场有效性检验模型及其实证

如前所述，从经验角度看，市场有效性分析即为回答“给定一个均衡市场模型，市场价格是否能够充分反映市场中的信息”这个问题，因此需要对均衡市场模型中价格反映特定市场信息的事实进行检验。

一、检验模型设计

有效市场假说(EMH)强调金融市场价格的随机性,将金融市场有效性与市场信息联系起来,并且指出,在一个信息有效的金融市场上,所有市场参与者的信息都可以进入价格决定过程,从而导致市场价格的变化是不可预测的随机游走。法玛(1965)将萨缪尔森建立的证券市场鞅模型定名为"有效市场",并且提出"价格总是'完全反映'可接受信息的市场称为'有效'的"这一有效市场的经典定义(法玛,1970)。在研究金融市场价格行为的过程中,"有效"在很多场合被用于描述金融市场的运行特征,特别是资本市场,按照信息在证券价格中的反映程度,将市场效率状态划分为三个层次:弱式有效、半强式有效和强式有效。针对不同的状态层次,市场有效性检验的方法各有侧重。其中,对于弱式有效市场的检验强调金融市场上交易价格的随机游走特性,价格不存在任何可以识别和可被利用来获取超额收益的规律,因而对弱式有效市场的检验主要侧重于对价格时间序列相关性的研究。

本书采用单位根检验来识别农村民间借贷市场上价格时间序列的平稳性,从而检验这一市场的鞅假定。单位根检验是随机游走过程的必要条件,如果单位根检验表明至少存在一个单位根,则价格的随机游走过程是非平稳的。运用单位根检验可以检测价格的时间序列数据的生成过程是否存在且只有一个单位根,由此建立假设条件:

H_0:价格序列存在一个单位根

H_1:价格序列不存在单位根

下面运用 ADF 检验法,利用收集整理的广东、浙江地区 1980 ~ 2010 年农村民间借贷市场利率数据(如表 6-1 所示),对农村民间借贷市场价格进行年度单位根检验。

表 6-1　广东、浙江地区民间借贷利率平均水平(年利率)

年度	民间借贷市场利率(%)
1980	34.80
1983	26.40
1985	36.00
1990	34.80
1995	30.00
1998	26.40
2001	18.00
2003	10.59
2004	14.40
2005	12.86
2006	10.21
2007	11.63
2008	11.82
2009	15.00
2010	21.00

资料来源:(1)温州市统计局:《2007 年温州统计年鉴》,中国统计出版社。

(2)根据 1978 ~2009 年《中国统计年鉴》数据整理。

(3)《农户民间借贷入户调查》①。

(4)2010 年数据根据本书前文计算结果取得。

二、实证结果与分析

首先,绘制民间借贷市场价格 y_i 在表 6-1 中 15 个年度时间序列的曲线,如图 6-1 所示。

① 中国人民银行农户借贷情况问卷调查分析小组:《农户借贷情况问卷调查分析报告》,经济科学出版社,2009 年 9 月。

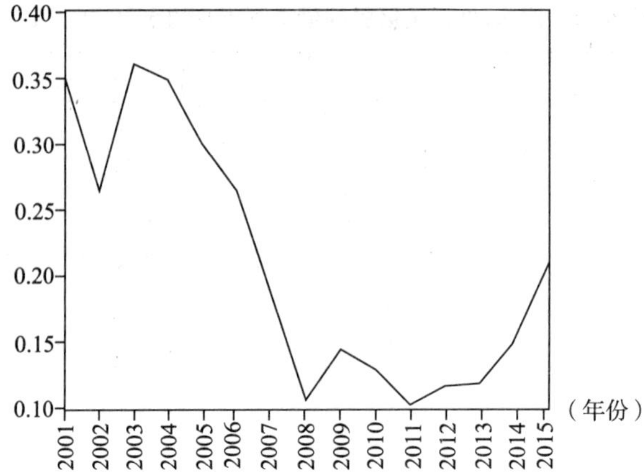

图6-1　序列 y_i 的线状图

然后，使用 Eviews 软件的 ADF 检验方法，根据 Schwarz Info Criterion 准则自动选择的滞后长度，对序列 y_i 的原序列水平值进行单位根检验，得到检验结果如下：

Null Hypothesis：YI has a unit root

Exogenous：Constant

Lag Length：0（Automatic based on SIC，MAXLAG = 3）

		t-Statistic	Prob. *
Augmented Dickey-Fuller test statistic		-1.594823	0.4589
Test critical values：	1% level	-4.004425	
	5% level	-3.098896	
	10% level	-2.690439	

注：* MacKinnon（1996）one-sided p-values，下同。

设定检验水平为5%，结果发现，ADF 检验中 t－统计量的值大于临界值，对 y_i 的原序列进行单位根检验的原假设没有被拒绝，表明至少有一个单位根。进而检验序列 y_i 的一阶差分平稳性，结果如下：

Null Hypothesis：D（YI）has a unit root

Exogenous：Constant

Lag Length:0(Automatic based on SIC,MAXLAG=3)

		t-Statistic	Prob.*
Augmented Dickey-Fuller test statistic		-3.337145	0.0346
Test critical values:	1% level	-4.057910	
	5% level	-3.119910	
	10% level	-2.701103	

设定检验水平为5%,序列 y_i 的一阶差分检验拒绝原假设,即序列 y_i 是一阶单整 $I(1)$ 的。若设定检验水平为1%,则序列 y_i 的一阶差分检验仍然没有拒绝原假设,进而检验序列 y_i 的二阶差分平稳性,结果如下:

Null Hypothesis:D(YI,2) has a unit root

Exogenous:Constant

Lag Length:3(Automatic based on SIC,MAXLAG=3)

		t-Statistic	Prob.*
Augmented Dickey-Fuller test statistic		-2.408192	0.1648
Test critical values:	1% level	-4.420595	
	5% level	-3.259808	
	10% level	-2.771129	

设定检验水平为1%,序列 y_i 的二阶差分检验拒绝原假设,即序列 y_i 二阶差分没有单位根。

至此,可以接受原假设 H_0:价格序列存在一个单位根,推断序列 y_i 随机游走假设成立,即农村民间借贷市场达到弱式有效。

农村民间借贷市场弱式有效的结论说明,从信息角度看这个市场是有效率的,作为市场交易者的农户能够利用私人的不对称的信息定价,而且能够利用定价传递和公开私人信息,而且,正是由于存在经济理性,农户能够识别市场价格中表达的信息内容,从而作出私人的反应,更新私人关于市场的观念或是修正自己的交易决策过程,以更加有效地达成交易目标。市场能够及时反映并传递交易者的私人信息、汇总私人信息,破坏私人信息带来的市场竞争优势,从而更有利于实现市场均衡以配置资源,达成各方市场交易者的利益均衡。这个结论的正面结果是,它有可能成为支持农村民间借贷市场自由化或者作为自由市场拥护者的重要依据。

这里需要特别说明的是,上述检验使用的数据存在样本数量偏少的缺陷。由于我国当前关于农村民间借贷市场利率的全国性统计数据并未定期公布,而且各地经济发展状况的差异导致各地农村民间借贷市场的利率存在明显的地区差异,这里进行实证检验用到的数据一部分是通过将分散在不同研究成果中的数据搜集整理而成的,另一部分是通过实地调研收集的数据计算得出的,但是受到实地调研时间和财务的限制,目前尚未积累起充足的民间借贷利率的时间序列数据,而且样本量和数据量都较少,这对现在实证结果的解释能力造成消极影响。当然,在研究设计科学可行的基础上,随着数据丰富程度的提高,检验结果将更加可靠。

第二节　农村民间借贷市场交换效率的测度模型

一、测度模型设计

从市场交换的角度看,在非出清的农村民间借贷市场上,贷款人希望的供给 $\tilde{s}_i$ 与实际成交时实现的供给 s_i;借款人希望的需求 $\tilde{b}_i$ 与实际成交时得到满足的需求 b_i,它们彼此之间并不必然匹配,最后成交时存在如下关系:$b_i \leq \tilde{b}_i$,$s_i \leq \tilde{s}_i$,即成交的交易量小于希望的交易量。所以,这个市场上的借贷资金交易农户是受配给的交易者。理论认为,如果不能在市场上同时发现一个受配给的需求者和一个受配给的供给者,则市场被认为是有效率的,即符合市场交换效率的“短边”规则。这意味着,市场中处于短边的交易者能够实现其所希望的交易量;一个有效率的非出清的市场上,总的交易量(交易规模)应该等于总需求和总供给这二者中间的最小值。换言之,在非出清的农村民间借贷市场上,如果总的借贷资金交易量(交易规模)等于借款人的资金总需求和贷款人的资金总供给这二者中间的最小值,则这个市场被认为是有市场交换效率的市场。

设 $\bar{b}_i$ 和 $\bar{s}_i$ 分别表示市场上得到满足的需求和实现的供给,则市场满足以下关系:$b_i = \min(\tilde{b}_i, \bar{b}_i)$;$s_i = \min(\tilde{s}_i, \bar{s}_i)$。

农户在民间借贷市场中成交的借贷资金量 z 实际上被限定在特定的范围之内,即

$$z = \min\{\sum_i \tilde{b}_i, \sum_i \tilde{s}_i\} \tag{6-1}$$

二、有限的实证结果与分析

如果能够获得农村民间借贷市场借贷资金供给者意愿的供给量和需求者意愿的需求量以及最终成交的资金量,那么市场交换效率测度模型的实证工作就非常简单;本研究在实地调查中对相关数据采用百分比的比例方式进行问卷调查,间接获得相关信息,在如下分析中即利用比例数据进行实证。①

在实地调查中已经获得的有关农户家庭货币资金状态的部分比例数据项如表6-2所示。

表6-2 农户家庭货币资金的相关数据项

变量符号	变量的经济含义
ZD6	农户在银行和信用社存款占家庭全部剩余资金量的比例
ZD1102	农户私人放贷的资金量占家庭全部剩余资金量的比例

① 目前的困难正是难以获得这种直接数据,这与当前针对农村农户民间借贷资金数量规模进行入户实地调查工作的现实困难密切相关,调查当地的农户们普遍将个人借贷资金数量问题视为重要的隐私,真实、具体的绝对值数据一般不愿透露。如果以后能够改进调查方法,获得农户更多的配合和翔实的有关数据,必将极大提高这个实证工作的质量。本书目前因陋就简,采用实地调查的比例数据进行实证分析。

续表

变量符号	变量的经济含义
ZD14	农户通过民间借贷融资占家庭全部借款债务资金量的比例
ZD16	农户通过民间借贷方式实际借到的资金量占事先计划借款量的比例

注:(1)"家庭全部剩余资金量"指农户各历史年度家庭纯收入的积累总额。

(2)以上变量分别为相关数据的列向量。

以下给出表6－2各相关数据项的描述统计量结果,如表6–3所示。

表6–3 相关数据项的描述统计量

	ZD6	ZD1102	ZD14	ZD16
Mean	0.687582	0.147708	0.743765	0.839286
Median	0.700000	0.100000	0.800000	0.900000
Maximum	1.000000	0.500000	1.000000	1.000000
Minimum	0.100000	0.000000	0.150000	0.400000
Std. Dev.	0.225755	0.098396	0.275560	0.169349
Skewness	－0.339123	1.201411	－0.610758	－0.705347
Kurtosis	2.225150	4.696825	2.027593	2.355271
Jarque-Bera	4.020718	17.30554	8.633430	8.420064
Probability	0.133941	0.000175	0.013344	0.014846
Sum	62.57000	7.090000	63.22000	70.50000
Sum Sq. Dev.	4.586868	0.455048	6.378395	2.380357
Observations	91	48	85	84

表6－3显示了实地调查当地农户在银行和信用社存款占家庭全部剩余资金量的比例平均水平为68.76%,农户私人放贷的资金量占家庭全部剩余资金量的比例平均水平为14.77%,农户通过民间借贷融资占家庭全部借款债务资金量的比例平均水平为74.38%,农户通过民间借贷方式实际借到的资金量占事先计划借款量的比例平均水平为83.93%。数据显示结果的直观结论是,当地农户的家庭融资需求主要是通过农村民间借贷方式解决的,尽管目前尚未达到完全满足融资需求,但是借款农户对农村民间借贷市场的依赖程度依然很高,这也说明这个民间金融市场的存在有其重要交易价值。然而,农户向农村民间借贷市

场提供的借贷资金量仅占到其家庭资金财力的很小部分，民间市场的借贷资金供给并不充裕，与市场需求力量的相对强劲形成对照，显示了一个明显的市场“短边”的存在现实，这种情况同本书第四章的分析结果是一致的。

设农户的家庭纯收入积累总额为A，农户的家庭借款债务总额为B。这里，令A、B分别表示相关数据列向量的转秩，则农村民间借贷市场上贷款人能够提供的借贷资金量Q_S的最大可能是：

$$Q_S = A \cdot (1 - ZD6) \cdot ZD1102 \tag{6-2}$$

借款人能够筹集到的借贷资金量Q_D为：

$$Q_D = B \cdot ZD14 \cdot ZD16 \tag{6-3}$$

若市场成交的借贷资金量基本符合关系式$z = \min\{Q_S, Q_D\}$，则可推断该市场为有交换效率的市场；否则，为无交换效率。

第七章 农村民间借贷市场健康发展的可能途径

本章探讨农村民间借贷市场健康发展的途径。农村民间借贷市场健康可持续发展本身就是一个系统工程，它既需要整体推进，又需要着重解决关键问题，创造发展所需要的基本条件，包括建设产权制度、培育信用文化、完善定价机制、维护市场秩序等制度性基础；需要在融资活动中引进信用评估和风险控制等技术性措施；需要重视信用文化的培育；同时，需要国家相关政策为这一民间金融市场的发展开辟适当的空间，切实推动农村民间借贷市场的健康发展。

第一节 制度性建设：创造农村民间借贷市场发展所需的基本条件

前文研究结果显示，当前中国农村社会存在民间借贷市场发展所需的现实土壤，即一方面稳定地存在借贷资金供求关系，存在资金融通的可能性；另一方面存在资金融通的各种渠道，包括正规金融之外的各种金融创新活动，存在民间融资的可行性。第六章的实证结果显示，农村民间借贷融资市场是弱式有效的，即从信息角度看这个市场是有效率的，作为市场交易者的农户能够利用私人的不对称的信息定价，而且能够利用定价传递和公开私人信息，而且，正是由于存在经济理性，农户能够识别市场价格中表达的信息内容，从而作出私人的反应，更新私人关于市场的观念或是修正自己的交易决策过程，以更加有效地达成交易目标。市场能够及时反映并传递交易者的私人信息、汇总私人信息，破坏私人信息带来的市场竞争优势，从而更有利于实现市场均衡，以有效地配置资源，达成各方市场交易者的利益均衡。

与此同时，实地调查和分析结果还显示，农村民间借贷融资市场乃至农村民间金融市场的发展还存在许多现实的困难，它要从原来的规模小、风险高、交易零散等状态，转变成现代农村经济发展的一个重要支持力量，这个过程中不但要确立适当的产权制度，构建保障农村民间金融交易的支持系统包括金融交易的操作技术和交易平台，还要培养交易双方尊重契约的信用观念，完善相关法律内容等。发展农村民间借贷融资市场这一民间金融市场是一个系统工程，它既需要进行整体规划，又需要着重落实其发展条件——改善发展环境、铺就发展道路。促进农村民间借贷市场健康发展的基本措施，就是逐步实现这些基本的制度性条件。

一、建立健全农村的相关产权制度

随着我国金融体制改革的推进，城乡民间融资活动日益活跃，现行金融制度对民间资本融资领域适度放宽，融资和投资政策都鼓励民间资本进入农村融资市场，在此背景下应当适时清晰界定民间金融的合法融资范围和融资领域；同时，实地调查显示，就农村民间借贷市场的交易者而言，农户能够提供和接受的借贷资金抵押物品产权性质及其市场价值，在很大程度上影响着借贷交易的成功率。针对这些实际情况，积极探讨并推进相关领域的产权制度建设，给民间资本进入金融领域正名、清晰界定农地产权，进一步明确在农村民间借贷市场上借贷资金的合法性、担保抵押品的范围及其合法性，使之与建立民间借贷交易的规范化契约相配合，有利于向农村农户提供更广泛、更安全的金融服务，有利于农户更加充分地获得其资产或者权益的流动性，进而促进农民增加收入、创造财富。可见，这项制度建设工作正逢其时。

2010 年，国务院国家发展和改革委员会《关于 2010 年深化经济体制改革重点工作的意见》中明确指出：完善农村金融体系，全面深化农村信用社改革，引导社会资金投资设立适应“三农”需要的新型农村金融组织，研究制定偏远山区新设农村金融机构费用补贴等办法，研究制定农村抵押担保条例，充分发挥商业性金融、政策性金融和合作金融在支持“三农”中的作用[①]。实际上同年5月初，国务院在《关于鼓励和引导民间投资健康发展的若干意见》中已经明确指出：鼓励和引导民间资本进入金融服务领域，允许民间资本兴办金融机构。在加强有效监管、促进规范经营、防范金融风险的前提下，放宽对金融机构的股比限制。鼓励民间资本发起或参与设立村镇银行、贷款公司、农村资金互助社等金融机构，放宽村镇银行或社区银行中法人银行最低出资比例的限制[②]。2012年3月，国务院审批通过的《浙江省温州市金融综合改革试验区总体方案》中明确提出：加快发展新型金融组织，鼓励和支持民间资本参与地方金融机构改革，依法发起设立或参股村镇银行、贷款公司、农村资金互助社等新型金融组织[③]。这些新政策的实施将大力推动农村各类金融机构的成长，同时也将促进农村民间金融环境的优化。

另外，农村金融制度改革必然涉及农村农地产权制度改革，在寻求农村金融市场发展过程中需要面对的重要现实问题是探索实现农村土地资本化的可能性，做实农村集体土地产权，尝试农地使用权抵押的农村金融工具创新。农村土地资本化的基本目的是使农民的土地使用权作为其权益性资产，能够具备生产要素的流动性，能够作为抵押品向有关金融机构或个人申请相关生产性贷款。在本书的实地调查中发现，目前相当多农户在民间借贷过程中由于缺乏放款人认可的抵押物而被拒绝了借款申请，作为借款人的还款担保，没有将农户的土地使用权作为备选项；在放款人对借款人进行的信用调查中，也没有将其土地使用权作为对象；在对问卷中问题“您村里的土地在以何种方式流转?”的回答里，没有将土地使用权抵押作为答案的有效问卷。可见这方面的工作在实践中尚不具有现实性，但是，在完善各类农地确权工作的基础上，按照市场交易规则实现农村土地权益的相应流动性，是农村经济发展过程中

① 国家发展和改革委员会《关于2010年深化经济体制改革重点工作的意见》，2010年5月27日。

② 国务院《关于鼓励和引导民间投资健康发展的若干意见》，2010年5月7日。

③ 国务院《浙江省温州市金融综合改革试验区总体方案》，2012年3月28日。

一种可能的金融创新，无论对正规金融机构在农村的金融活动，还是农村民间借贷市场的融资活动，都具有重要经济价值。

为提高农户在民间借贷市场上的风险抵抗能力，还可以通过将农户家庭财产包括宅基地、房产和其他产业等进行资产证券化的方式，实现其资产的流动性，完成其货币化转化，保障其能够进入市场交易和流通，从而提供了以经济方式解决农户资产资源组合与转化问题的可能，进而提高农户在市场交易中的议价能力。显然，农户个人资产交易功能的充分实现有赖于建立健全相关领域的制度，这是当前农村面临的一项重要的制度性建设问题，需要进行严肃认真的战略设计和规划实施。

二、推动融资工具和金融组织机构创新

金融市场一体化与交易体系的完善，是最终根本解决农村融资困难的理想措施，以目前农村民间借贷融资市场的现实条件而言，可以进行农村民间融资工具和金融组织机构的创新，建设农村民间金融交易平台，丰富民间融资工具和组织机构，探索有效的民间金融融资的技术方法，培养民间融资交易的技术力量，实现民间融资过程中的信用和风险管理，使农户能够自由地、广泛地选择融资方式和渠道，便利地完成金融交易，实现资金融通。因此，重视民间金融中的“农村基层自组织”，培育民间金融组织机构这种“微型金融”健康可持续发展，对基层民间金融中介机构实行必要的组织管理或引导，进行农村民间融资工具和组织机构的创新，推进民间金融机构建设，是促进农村民间金融市场充分发展的必要工作。

从2006年开始，全国金融工作会议进一步明确了利用和发展多种金融形态和制度来完善和提高农村金融服务的战略思想，并且把发展微型金融作为一项重要的举措。为解决农村地区金融机构网点覆盖率低、金融服务供给不足等问题，中国银监会调整放宽农村地区银行业金融机构市场准入政策，按照“低门槛、严监管”的原则，正式启动了农村的村镇银行、小额贷款公司和农村资金互助社等微型金融机构的试点工作。这个过程也大量借鉴了国外的先进经验，例如孟加拉国的乡村银行“格

莱明银行”，为解决农村贫困人口的信贷问题和促进当地经济社会发展所做的民间金融工作，试图以金融手段来帮助农村贫困农户改善生活质量、实现自我发展，同时促进地区经济进步。由此引发的关于微型金融对农村金融深化与发展的有益探索日渐丰富，在发展中国家，通过微型金融提供金融服务来推动反贫困运动和欠发达地区经济增长，同时培育微观金融的金融中介组织自我发展、实现健康的可持续的发展，也日渐成为一项重要的发展措施。

在对广东农村民间金融组织形式的实地调查中发现，目前活跃在农村的金融组织仍然以民间直接借贷、农户集资、农资机具的赊购赊销等初级形态为主，而民间合会、地下钱庄等组织严密的借贷融资形式尚未达到同等普及程度。

实地调查还发现，随着农村民间资本融资政策的逐步放开，民间资本对设立小额贷款公司的积极性很高，广东省许多村镇已成立了民营资本贷款公司，越来越多的小额贷款公司进入了农村民间借贷市场。但是，原本被定位为新型农村金融机构的小额贷款公司，在其发展进程中却呈现出向城市扩张的趋势，例如广州市区已有多家小额贷款公司面向城市的借贷资金需求者营业。另外，在农村地区，由于放款对象趋同而借贷资金价格相对较低，一些村镇小额贷款公司的推出对当地原有地下钱庄的经营造成了直接影响乃至冲击。由于目前对此数据尚缺乏有效的统计途径和方法，因而难以准确估算这种影响的程度，这里可以确定的事实是目前小额贷款公司已经作为一股重要力量融入到农村民间借贷市场的大格局当中。

近来，在城市注册的典当铺、寄售行、融资性担保公司和租赁公司也日益活跃，“打擦边球”做民间借贷的现象日益增多，在国家发展的城市化进程中，它们也越来越多地将业务领域扩大到农村地区，这固然增加了农村民间借贷市场的融资空间，但同时也加大了农户融资活动的潜在风险，因此在进行农村民间金融组织机构创新的过程中，需要完善相应的法律制度，防止欺行霸市行为对正常民间借贷市场交易秩序的干扰，保障交易者的正当权益。

三、建立相关信息发布制度，促进定价决策机制优化

要创新定价机制以建立合理的定价模型，使农户能够进行有效率的金融交易，既能够反映货币资金资源的稀缺程度，又能够反映货币资源配置成本、收益和风险程度的基本平衡，就需要积极探索民间借贷市场上有效的融资技术方法、培养良好的民间融资技术力量，使利率定价能够对借款人信用和还款风险等方面的重要信息予以反映，同时对交易双方发挥履约激励职能，实现其市场效率。

从本书中农村民间借贷市场定价机制的实证分析可见，本研究工作着重考察了三个方面的定价信息：①影响市场利率的公共信息，主要是一些宏观经济因素，其影响是通过参与市场交易的农户对这些宏观经济因素的理解和反应而形成的。一般来说，农户可以直接观察到的宏观经济指标中，对民间借贷利率产生显著影响的因素主要有：农村居民消费物价指数、金融机构一年期贷款利率、农民家庭人均纯收入、金融机构农业贷款等。②借款人在市场交易过程中利率定价受到私人信息的影响，即相关微观因素对借款人利率出价的影响。这些信息主要反映借款人对其自身还款能力和风险抵抗能力的认知和价值评估，与民间借贷市场交易的信息传递、风险防范等机制关系密切。③贷款人方面的相关微观因素形成的私人信息变量对民间借贷利率的影响，涉及贷款人的储蓄存款倾向、进行非农投资的资金力度、参与现代金融市场交易的程度以及借款人的借款用途等解释变量。

另外，本书研究工作由于受到现实条件的限制，在选取变量和对变量进行实地调查时都没有做到完美无缺，实证结果显示的目前农村民间借贷市场的定价方式也并不是完美的市场化结果，要促进农村民间借贷市场的定价机制优化，增进其融资的市场效率，还需要市场参与者能够及时、准确、完整地获取相关的交易信息，需要在信息搜集和处理技术上获得有效支持，这些需求的满足都有赖于建立相关的信息发布和披露制度、建设安全快捷的信息发布、披露和接收渠道，重视对掌握相关信息技术的人员培训，从而首先在技术上消除目前在交易双方都普遍存在的价

格决策的盲目性，减少错误决策，优化定价机制。

四、重视规范民间融资行为的正式制度建设，维护正常交易秩序

交易秩序的维护与保障需要完善作为正式制度的法律，建立完善有关民间金融的法律制度，维护农村民间金融中公平竞争的交易规则、维护市场秩序、维护正当的市场定价及交易权利。尽管民间借贷有深厚的社会基础和很强的生命力，但它在我国目前尚未受到充分的法律保护，这就意味着由此渠道融通的资金信用风险较大，一旦其信用关系破裂，借贷资金中只有很有限部分能得到国家法律保障，主要是借贷利率在规定范围之内的部分，即不高于同时期正规金融机构的信贷利率的 4 倍的部分，超过的部分则不受法律保护。这些不受法律保护的借贷资金，无疑面临着潜在的信用风险。为补偿这种风险的潜在损失，放贷者往往采取提高借贷利率的方式，甚至放弃提供借贷资金。这就加大了民间借贷的交易成本，增加了借贷资金的交易难度，加剧了借贷双方的互不信任，甚至加剧了借贷资金的信用风险，造成农村民间借贷关系自诞生而始就存在脆弱的品质，从而严重阻碍农村民间借贷活动的融资规模、融资半径的扩展及可持续发展，阻碍农村民间信用关系的健康发展，而如果缺乏坚实的民间信用基础，则妄谈发展农民民间借贷等各种民间金融，发挥金融在农村经济中的促进作用就变成了空中楼阁。这些现实问题更加凸显了加强农村民间信用基础建设、加快进行信用制度建设的必要性和迫切性。

五、建立全国统一的金融市场，积极消除农村金融抑制

前文所述，在当前中国经济二元结构影响下存在金融二元结构的制度背景下，中国农村金融交易平台缺失，存在较为严重的农村金融抑制现象，这影响着中国农村民间借贷市场的进一步发展。究其原因，既有农村的外部因素，即民间金融制度供给不足同时存在农村民间金融发展

制度供给不足的问题，正式的金融制度没有明确承认民间金融的经济地位，政策上对民间金融活动及其产生的利益的正当性定位不清晰，有时甚至明确限制和打压民间金融活动；又有农村的内部因素，即农村民间金融交易环境的诸多限制，包括民间融资的资金来源合法性的政策性约束、民间金融交易组织和机构设施建设不足等问题，导致当前农村真正发挥融资功能、能满足农户融资需求的资金供给、民间融资中介机构与融资工具都相对稀缺，民间金融的融资范围和融资规模受到限制。针对这些问题，根本的解决办法就是推进中国金融市场的统一市场化进程，逐步消除城乡融资地位的人为差异，逐步消除二元结构对农村金融市场发展的消极作用，为农村农户提供更加丰富有效的资金交易平台，提高对农村地区的金融支持，消除农村金融抑制，促进农村经济发展。为此，要重视建立正规金融机构与民间金融组织机构的新型融资关系，建立民间金融组织机构更广泛的合法性融资渠道，促进农村民间金融组织机构在民间借贷活动中可持续地发挥积极作用。当然这有待于我国金融领域市场制度的进一步完善，目前在温州进行的金融综合试验区或许能够为我国金融制度的完善提供鲜活的研究素材和思想来源，为最终建立全国统一金融市场积累经验。

第二节　技术性建设：引入科学规范的信用评估与风险控制方法

推动农村民间借贷市场健康发展的一个重要的技术手段是对其融资活动进行规范的信用评估和风险控制与管理，在借贷融资活动中引入现代科学的信用评估与风险控制方法，对借款人进行信用评估、对信贷资金进行风险测度与控制，提高风险信息甄别的技术能力，对融资者实现良性的信用激励。

在我国特定的历史时期，相对整体经济结构而言，农村民间借贷活动是被人为边缘化的金融领域，农村金融活动的社会化和市场化程度较低，其资金融通技术手段相对落后，因而要快速实现高效率融资事实上存在技术层面的现实困难。当前农村金融活动中广泛使用的融资工具种类并不丰富，金融工具稀缺，现代金融工具和市场并没有深刻地大规模地进入农村金融领域，大量现代化金融工具在农村并不普及，农户融资工具的选择范围十分有限，且交易方式简单。而且，在农村民间借贷中缺乏良好的信用甄别技术，放款人对借款人的信用风险识别有困难，融资风险管理技术水平有限，缺乏丰富的风险防范措施，且有的民间金融交易关系尚未完全纳入我国现代法制体系的调节范围，因此不能保证交易双方有效避险。实际上许多农村放款人自身的资金实力有限，缺乏足够的风险抵抗能力，因此农户在信用风险面前呈现出明显的脆弱性，其结果是农村民间融资规模无法快速扩大。由于存在这些制约性因素，在农村民间金融发展过程中就需要重视探索有效的融资技术，同时要重视培育农村民间金融交易的技术力量，提高信用评估与风险测度的技术水平和控制力度，共同降低信用风险，实现借贷资金的安全有效交易，提高融资效率。

我国农村民间借贷市场具有深厚的现实发展基础，它能够便捷地利用农村民间社会、经济、信息资源，降低融资活动所必要的信用评价的执行成本和融资交易成本。这种民间融资形式灵活多样，能够满足各种农户形态各异、规模有别的资金需求，它向农户提供的金融服务功能是当前中国正规金融机构所无法完全替代的，在我国农村经济发展形势下，有强大的市场需求与广阔的发展空间。调查结果显示，民间借贷成为农户解决资金需求的主要方式，这个趋势日益显著，这种需求为民间借贷提供了可观的市场生存空间。调查结果还显示，现实的融资活动中农户普遍对民间借贷秉持保守的风险意识，农村民间信用基础并不十分坚实，这又阻碍了农村民间借贷融资活动的进一步发展。这种阻力何以形成又如何解决？这里显示出另一个方面的问题，就是民间借贷中农户缺乏必要的信用评估和风险控制技术，对借贷行为中可能存在的显性或隐性的信用风险尚无有效的识别、防范与化解措施，导致农户对民间借贷资金的安全性没有充分的把握，结果农户在应对可能的信用风险时往往采取十分保守甚至极端的防范措施，贷款人或者谨慎放款、或者根本不放款，而借款人或者借不到充足的款，或者根本借不到款，前文对此的统计描述结果显示，农村民间借贷市场上仍然存在较为严重的融资约束现象，反映出该市场交易者总体上信用意识较弱而风险意识较强，对民间借贷的态度趋于保守。究其原因，主要是因为当前中国农村民间借贷活动中尚未广泛运用现代信贷资金风险管理方法，没有普遍形成制度化的个人信用评价体系与方法，农民在民间借贷关系中无论是提供借贷资金供给者还是借贷资金需求者，都没有稳定、成熟的方法来识别对方的信用状况和借贷关系中潜在的信用风险，因此很难形成有效的防范风险的措施，为应对偿还借贷资金时的不确定性，放款人采取谨慎的态度应对借款人，也是一种原始朴素的防范风险措施。

加强农村民间借贷风险管理的措施可以从以下两个方面考虑：

1. 加速建设个人信用评价体系，为提高民间借贷中风险识别能力提供基础性条件

个人信用体系是在社会范围内构建发达信用消费经济的基础性条件。当前我国个人信用制度建设不充分，银行对客户的个人信用信息无法做出全面客观的评估，于是要对借款申请人进行严格的贷前信用审查，这不可避免地耗费时间和人力，而最终银行会将此项耗费作为成本，通过提高借贷资金价格的方式转嫁到借款人身上。农村民间借贷中同样存在这样的问题。农村民间借贷交易双方通常存在直接或间接的既定的人际关系，彼此比较熟悉或容易了解情况，对放款人来说这就意味着可以掌握更加真实可靠的征信信息，征信费用大大降低，交易成本也随之降低。尽管如此，这种信用信息的真实性却没有严格保证，放款人无法追究虚假信用信息的任何法律责任，所以，相信这样的信用信息也存在风险。为此，放款人也可能通过抬高借贷利率来补偿自己对这种风险的承担。这种现实无论对降低借贷资金价格，还是对提高民间借贷中风险识别能力，避免民间借贷中出现“不良资产”等，都是严重的阻碍。事实上，个人信用评价体系的缺乏已经阻碍了我国城乡居民的个人金融业务的拓展，建立完善的个人信用体系是当务之急，它的主要目的就是在一定信用范围内建立有效的个人信用奖惩机制，如对信用不佳的个人进行舆论监控或请专门机构追究责任；对信用良好的个人给予贷款激励，如增加可贷款额度、延长还贷期等。加速建设个人信用评价体系，就为提高民间借贷中风险识别能力提供了良好的基础性条件，对降低农村民间借贷的盲目性和资金风险尤其重要。

2. 引进风险预期和控制方法，提高防范民间借贷信用风险的能力

银行在审核借款人申请、核定贷款价格时要同时评估贷款的风险度，农村民间借贷活动同样需要进行贷款风险预期，只是在形式上可能采取非正式的、内容简单的方法进行。一般地，民间借贷的风险度与以下因素相关：借款人的经济状况和人品声誉、借款的用途、借款有无担保、借款金额大小及期限长短等。银行通常将信贷违约风险成本计入借贷价格，通过提高借贷利率对银行承担的风险予以补偿，这种做法已经形成了银行较为固定的业务规范。农村民间借贷可以学习并借鉴正规金融机构的风险预警及管理方法，提高控制民间借贷活动中信用风险的能力，在当前缺乏权威的农村个人信用评价体系的情况下，不失为防范风险的一种务实做法。

第三节　文化性建设：培育社会信用观念

在民间借贷市场交易秩序的维护与保障过程中，重视作为非正式制度的农村民间信用文化与社会资本的培育。培育社会信用观念是一项宏大的社会工程，其直接目的在于巩固和发展民间信用基础，促进社会信用形成稳定的社会资本，进一步促进其实现经济价值。农村民间借贷市场的健康发展尤其需要这一社会文化基础的巩固和发展。当前农村社会自身的现代金融文化基础薄弱，不足以支持农村实现大规模的内源性融资，因此需要培育农村民间金融发展所需的社会土壤，重视农村地区现实的"社会资本"的作用，并积极进行农村现代信用文化培养，在农村社会培养信用价值观。

作为非正式制度的文化性力量，包括社会道德规范、民俗村规家法、宗教信仰中的戒律等，不但需要依靠它们来约束民间借贷交易双方当事人的履约行为，而且需要在整个社会中牢固树立诚信观念，使遵守契约成为社会普遍的共识，降低民间借贷活动中潜在的交易成本，以利于充分实现民间信用的经济价值。为此，要充分重视农村民间借贷与当地农村经济发展的良性关系，维护信用文化基础。民间借贷资金的形成，通常需要经历漫长的资本积累和资本形成过程。农村民间借贷市场的形成更是一个借贷交易关系逐渐培养和建立的自然而缓慢的过程，而这个过程所培育起来的交易关系和交易规则一般都具有相当的稳定性。这个过程，一方面取决于当地经济发展状况，经济发达程度较高的农村，商品交易更加普遍，市场交易行为更加广泛和深入，对借贷资金的需求总水平更高，民间融资活动更加活跃，农民通过民间借贷方式解决生产经营中的资金需求，促进了当地农村货币资本积累和资本形成，积极推动当地农村经济增长。另一方面则取决于当地农村社会民俗中信用文化的发展程度。民间借贷是以偿还本金和利息为条件的借贷行为，以交易双方的信用为基础，人们的信用观念和当地信用文化传统在建立民间借贷形式的民间信用关系时，对防范和化解借贷资金信用风险，发挥着至关重要的作用。

在这里，非常值得借鉴的一个观点是一个高信任度的社会具有高度团结心和共同的道德观，能使这个社会的经济更有效率（福山，1998）。福山提出的社会资本概念指在社会或其下特定的群体之中成员之间的信任普及程度，它通常经由宗教、传统、历史习惯等文化机制而建立起来。福山认为，"虽然契约和自我利益对群体中成员之间建立关系是相当重要的，可是，效能最高的组织却是那些成员间享有共同伦理价值观的群体，这类群体并不需要严格的正式契约或法律条文来规范彼此间的关系，原因是事实上存在的道德共识已经赋予群体成员相互信任的基础。创建这类道德性群体所需要的社会资本没有办法像其他形态的人力资本一样，通过理性的投资决策来获得，它所需要的是整个群体普遍拥有的道德规范，成员需要具备忠诚、信实、可靠的美德"。在对华人家族结构和企业模式的考察中，他借用中国人类学家的研究结果指出，“他们的研究确立了中国农户家庭的个体特质”，“强势的家族主义、子嗣平分家产的财产继承规则、对家族以外的人极度不信任，等等。这些都塑造了传统中国人特有的经济行为模式”。借鉴此研究结果，可以推知的是，在当今的中国社会，为适应大规模社会化大生产和经济现代化发展的进程，广泛地培育社会信用观念是一项紧迫而且艰巨的任务。建立在农户家庭、家族血缘关系、乡土地缘关系以及其他私人情谊所缔结的关系基础之上，而非建立在客观经济标准基础之上的各种交易方式，在中国农村民间借贷活动中盛行，在利用私人关系建立或者争取建立信用关系特别是借贷交易关系方面表现得很充分，这也提醒人们在发展经济的过程中必须关注文化的巨大力量。

中国传统农村所积淀的社会资本是不容忽视的重要资源，它对农村金融发展的作用已引起人们的广泛关注。例如，Seibel① 在考察了菲律宾的微观金融发展状况之后认为，在所有复制格莱明银行的微型金融机构中，只有那些掌握了格莱明银行是如何利用孟加拉国当地社会资本开展金融业务的精神主旨的，才可能取得同样的成功，因此他建议人们在发展农村微型金融机构的过程中，要重视利用和培育当地独特的社会资本。然而，当代中国社会变革对传统农村乡村自治式的社会生活的冲击和破坏，在金融领域的表现，就是借贷双方恪守信用的长期效用不再被重视，短期行为加剧，社会伦理、道德、习俗等非正式制度因素对违约行为形成的约束力削弱，对违约行为的处罚可能变得微不足道，而对违约方的私利而言却可能变得有利可图。然而与此同时，法律在调节民间金融活动的各种关系时，存在制度盲点，导致交易者的某些正当利益无法得到充分保障，例如有些放款人的借贷资金不能正常收回时，法律对其无法提供有效的维权援助，既不能惩罚违约行为，又不能维护履约行为，这在事实上鼓励了违约的借款人，而放款人最终采取的理性行动必然是惜贷，进而导致农村民间借贷的规模难以扩大。实际上，现代契约精神、

① Seibel，Hans Dieter. 印尼人民银行的微小融资部：亚洲农村微小融资的旗舰//小客户，大市场：商业银行在微小融资中的作用，Malcolm Harper 和 Sukhwinder Arora，eds. Rugby：ITDG 出版社，2005。

信用观念、风险意识、法律意识等维系现代金融市场交易正常进行的思想认识基础的缺乏，必然加大农村金融市场化融资交易的交易成本和潜在的交易风险，当前农村社会在这些方面都有待进一步提高和充实。

第四节　政策建设：对相关政策制定者的自律性要求

在政策上，要顺应民间金融活动的发展需求，尊重民间金融的发展规律。民间借贷活动的经济本质是民营经济在货币资金市场上的表现形式，是市场交易的产物。在我国经济领域积极发展民间金融，特别是农村民间金融，这是历史的必然。农村民间融资渠道的开拓，一方面依赖于民间金融力量在农村土壤上的自然成长，另一方面需要正规金融制度和法律制度的支持和引导。目前，我国农村民间借贷活动因为事实上存在的金融抑制和城乡二元经济结构而受到牵制。前文调查结果显示，总体上农村资金供给严重不足，资金短缺制约着农村经济发展，农村可用的借贷资金供需总量失衡的矛盾日益突出。如果农户将闲余资金存放在分布于农村当地的各种民间融资渠道中，进而贷放回农村且能够获得稳定的资金安全保障，就可以将这些货币资金保留在农村使用，以备“三农”发展的货币资金需求不足。因此，发展农村当地的民间融资活动、开辟民间融资渠道，则无异于给农业发展铺设资金的输血管道，以利其货币资金融通，实现经济补血。

农村民间借贷市场发展所形成的民间融资机制有其独特的经济特征，其核心问题是融资价格或借贷利率的定价问题，农村民间借贷利率的形成遵循其特定的客观规律。在制度上，以民间借贷活动为代表的民间融资行为游离于正式金融监管制度之外，也在中央银行传导货币政策的正式金融体系之外，因而中央银行的利率调控并不能直接作用于民间借贷，利率政策对民间借贷利率的影响有限。在这种经济和金融制度环境下，民间借贷利率较少受到人为干预和政府政策调控，基本上是由民间借贷活动的市场决定的，这种独特的利率形成机制产生的正是一定程度上的市场化利率。市场化定价的民间借贷利率有其重要的市场信号作用：作为配置稀缺经济资源的“看不见的手”，它对农村借贷资金供求关系进行市场化均衡，且以经济方式解决农村资金紧缺的问题，对此规律的客观性，我们必须予以尊重。本书的主要结论显示，当前在农村民间借贷过程中产生的借贷利率，是由流通在农村领域的货币资金供求关系和其信用风险程度等因素共同决定的。在这个研究结果的基础上，有理由认为，如果在农户的民间借贷过程中人为强调农贷的低利率政策，则可能严重扭曲这部分资金供求关系的真实市场状态，从而进一步激化原有的资金供求矛盾，阻碍民间融资和私人借贷关系的正常建立与发展，增加高利贷的隐蔽形式，也会为资金供求双方采取必要的防范与化解信用风险措施等合理行为带来阻力。

第五节　主要结论与研究展望

综上所述，本书研究工作的主要结论概况如下：

(1)当前中国农村民间借贷市场的微观结构显示它是一个自主交易的自由市场，交易双方的利率定价过程不受政府干预，交易价格能够反映相关市场信息，包括公共信息和交易者的私人信息，从信息效率的角度看是弱势有效的金融市场。

(2)在当前二元经济和金融格局下，正规金融及政府财政、社会保障等方面对农村经济发展的金融支持相对缺乏，农村民间借贷市场实现了农户70%以上的借贷资金需求，事实上充当着农村农户融资主渠道，成为农户解决生活消费、生产与收入模式转型以及促进收入增加等问题所需借贷资金的市场来源，是向农户提供金融支持的重要市场力量。

(3)目前农村民间借贷市场存在较为严重的融资约束问题，许多农户的融资需求未能得到充分满足，原因既有农户借款人还款能力有限、还款意愿不确定等情况造成的信用欠佳从而阻碍了其市场化融资的满足,也有来自贷款人的资金供给不足等情况造成的借贷资金稀缺而导致的供求不匹配。农户普遍在正规金融机构的存款与其能够获得的贷款不成比例,这严重削弱了农村当地农户内源融资的资金来源规模。同时,受到制度和政策的限制,这一市场目前尚未同正规金融市场实现接轨,所以尚不能够从正规金融市场获得合法的借贷资金来源,而是完全依靠农村当地农户自有资金积累实现借贷市场资金供给。这种内源性融资的资金交易规模难以实现迅速扩张,它对农村农户改善经济状况所提供的金融支持很有限度,这一方面显示出农村农户本身对市场化金融交易的认同程度不及对正规金融的认同,另一方面也显示出当前农村民间金融市场的发展尚处于较低级的市场阶段,农户交易者的金融意识和技能以及市场交易基础平台都需要进一步培育和建设。

(4)当前农村民间借贷市场对农村农户融资作用重大但是发展不充分,因为农村民间借贷市场乃至农村民间金融市场的发展还存在现实困难,要发挥更丰富的金融功能,不但要确立适当的产权制度保障其交易的正当性,还需要构建保障农村民间金融交易的支持系统包括金融交易的操作技术和交易平台,同时培养交易双方尊重契约的信用观念,完善相关法律内容等。

(5)农村民间借贷市场并不能完全替代正规金融和政府财政、社会保障及保险等社会组织机构对农村发展的资金支持作用。本书对农村民间借贷市场健康发展途径所提出的政策性建议,是在中国农村经济发展的当前特定阶段下,为充分调动农村内源资金的融通而采取的部分过渡性措施或基础性制度条件,包括建设产权制度、培育信用文化、完善定价机制、维护市场秩序等制度性基础;需要在融资活动中引进信用评估和风险控制等技术性措施;需要重视信用文化的培育;同时,需要国家相关政策为这一民间金融市场的发展开辟适当的空间等。根本解决农村地区金融支持与资金融通问题的方向,应该是积极推进中国金融市场的统一市场化进程,逐渐消除二元结构对农村金融市场发展的消极作用,为农村农户提供更加有效的资金交易平台,促进资金有效配置,促进农村经济发展。

本书目前的研究工作并不完善，主要表现在如下方面：

首先，从作为研究工作基础的调研数据的获取角度看，本书研究有待改善之处在于：①实地调查过程中出现的困难。例如，农户对民间借贷中涉及个人隐私问题的保守态度，影响了调查数据的可获得性，因此导致数据缺失，在研究过程中有的主题受制于数据不足而难以深入研究。②在我国较为明显的地区经济发展差异的情况下，本书调查选取的农户样本全部来自我国经济较发达的广东地区，这对本书统计推断产生一定负面影响；如果统计样本能够在中国更加宽泛的范围内选取，实证分析的结果将会更优。这也同时提出了未来实地调查工作可以拓展的内容和方向。

其次，农村民间借贷市场的经济内容丰富，既涉及商业化、市场化交易的内容，又涉及农村社会资本的内容，而本书研究未全面覆盖这些方面，只是集中探讨民间借贷的商业化、市场化交易特征。社会资本对农村民间借贷市场的影响有待深入研究，它既涉及经济学范式的运用，还将涉及社会、文化等其他学科的研究内容和方法，是很有挑战性的研究领域。

总之，对农村民间借贷市场的研究，无论在研究方法上还是在研究内容的范围上都有广阔的拓展空间，本书的研究工作只是刚刚开始，还有很多有价值的问题有待进一步探索。

附　录

广东省农村经济发展状况调查问卷

本问卷填写人员所在地：

__________省__________市__________县__________乡/镇__________村，贵家庭人口数量______人，正在上学人数______人，劳力人口年龄______岁，务农人数______人，外出打工人数______人，性别______；农用地面积______亩，种植作物是__________，销路如何______。

1. 背景情况描述：

   您村里专门给农户发放小额贷款的组织或机构是什么？____________

   您村里得到政府扶持的生产项目是什么？____________

   您村里信用合作社给农户的资金帮助是什么？____________

   您村里人们参加的保险项目是什么？____________

   您村里的道路、电信、电力、仓库、灌溉设施状况如何？____________

   您村里人们为维持生活，主要经营的事业是什么？____________

   您村里耕种土地的人们生活水平如何？____________

   您村里的土地在以何种方式流转？____________

   您认为您村里的土地用来做什么更有经济价值？____________

   您认为您村里人们现在最需要的是什么？____________

   您认为您村里的经济在什么条件下会有更好的发展？____________

   您认为制约您村里经济发展的因素是什么？____________

   您认为您村里经济发展的优势是什么？____________

2. 当您的钱闲置不用或有剩余时，您会选择以下哪些方式和地点存钱或用钱？请您按照自己的实际情况填写下表：

存钱或用钱方式和地点	在这里存钱用钱的大致比例	您选择在这里存钱用钱的理由
工、农、中、建等各大银行		
农村信用社		
邮政储蓄		

续表

存钱或用钱方式和地点	在这里存钱用钱的大致比例	您选择在这里存钱用钱的理由
民间合会(摇会)		
基金会		
私人钱庄		
通过私人关系把钱借给亲戚朋友		
投资股票或其他证券		
投资搞生意		
赌博		
其他		

注:这个比例是指您在这个地方的存款占到您全部存款额的百分之几,或几成。

3. 您向以下各机构借过钱吗?

借钱的方式和地点	在这里借钱的大致比例	您选择在这里借钱的理由
工、农、中、建等各大银行		
农村信用社		
邮政储蓄		
民间合会(摇会)		
基金会		
私人钱庄		
私人关系从亲戚朋友处借钱		
其他		

4. 您借款的用途是什么?它的数额占到您借款总数额的比例是多少?

借款的用途	以这种方式使用借款的比例
投资做生意或生产性投资,遇到好项目时搞投资,或进行农业生产投资等	
生活消费,购买日常生活用品,维持生活	
遇到生活中的急事,例如子女上学交学费、家人急病等情况时应急	
赌博	
偿还自己的债务	
投资股票或其他证券	
其他	

5. 请根据您的实际情况填写下表：

您的收入来源	这项收入占到您的总收入额的比例是多少
主要的：	
辅助的：	

6. 在借钱时，人们有没有对彼此的信用情况做调查？请根据您的实际情况填写下表：

您借钱给别人时，对他进行了哪些调查	您向别人借钱时，别人对您进行了哪些调查
(1)	(1)
(2)	(2)
(3)	(3)
(4)	(4)

7. 政府对村里人们借钱、放贷、理财等提供了哪些方法帮助？借钱容易吗？困难是什么？

____

8. 地方政府对赌博有什么政策？当地人们对此有什么对策和反应？

____

9. 人们在借钱给别人时通常提出的条件是什么？

借款期限	6个月以下	6~12个月	1~2年	2年以上
利息率(%)				

备注：利息率请注明是月息，还是年息。

10. 您向别人借钱时，通常会考虑自己的哪些情况？

____

11. 遇到别人借钱不还时您知道怎样维护自己的利益吗？

当别人借您的钱不还时，您采取的措施	您借别人的钱暂时未还时，别人采取的措施
(1)	(1)
(2)	(2)

12. 您使用借来的钱做事的效果如何？有没有达到您当初的预期？

____

另外，您对人们之间借钱的行为有什么看法？

____

您对农村的银行、信用社等金融机构有什么看法？

____

感谢您的支持！祝您生活愉快、幸福吉祥！

参考文献

[1] Kuznets, S. Economic Growth and the Contribution of Agriculture. in Eicher, C. K. and Witt, L. W. (ed.). Agriculture in Economic Development[M]. New York: McGraw-Hill, 1964.

[2] Ghate, P., Das-Gupta, A., Lamberte, M., et al. Informal Finance: Some Findings from Asia[M]. Oxford University Press, 1992.

[3] O'Hara, Maureen. Market Microstructure Theory[M]. MA: Blackwell Publishers, 1995.

[4] Campbell J., Andrew Lo and A. Mackinlay. The Econometrics of Financial Markets[M]. Princeton University Press, 1997.

[5] Mckinnon, R. I. Money and Capital in Economic Development [M]. The Brookings Institution, Washington, D. C., 1973.

[6] Show, E. S. Financial Deepening in Economic Development [M]. Oxford University Press, 1973.

[7] Mckinnon, R. I. The Order of Economic Liberalization: Financial Control in the Transition to a Market Economy [M]. second edition, Baltimore: John Hopkins University, 1993.

[8] Tomas Hellmann, Kevin Murdock and Joseph Stiglitz. Financial Restraint and the Market Enhancing View[G]. Working Paper, 1997.

[9] Cèsar Calderón, Lin Liu. The Direction of Causality Between Financial Development and Economic Growth [J]. Journal of Development Economics, 2003(72): 321 – 334.

[10] Nader Nazmi. Deregulation, Financial Deepening and Economic Growth: The Case of Latin America [J]. The Quarterly Review of Economics and Finance, 2005(45): 447 – 459.

[11] Solomon Tadesse. Financial Architecture and Economic Performance: International Evidence [J]. Journal of Financial Intermediation, 2002, II: 429 – 454.

[12] Etsuro Honda. Financial Deregulation in Japan[J]. Japan and the World Economy, 2003(15): 135 - 140.

[13] O. Emre Ergungor. Market-vs. Bank-based Financial Systems: Do Rights and Regulations Really Matter [J]. Journal of Banking&Finance, 2004(28): 2869 - 2887.

[14] Lèonce Ndikumana. Financial Development, Financial Structure, and Domestic Investment: International Evidence[J]. Journal of International Money and Finance, 2005(24): 651 - 673.

[15] Manohar Pawar. "Social" "Capital"? [J]. The Social Science Journal, 2006(43): 211 - 226.

[16] D. W. Adams. Rural Financial Markets in Low-income Countries: Recent Controversies and Lessons \ [J]. World Development, 1986, 14(4): 477 - 487.

[17] Claudio Gonzalez-Vega. Deepening Rural Financial Markets: Macroeconomic, Policy and Political Dimensions[C]. Economics and Sociology Occasional Paper, 1996.

[18] D. W. Adams, D. H. Graham and J. D. Von Pischke. Undermining Rural Development with Cheap Credit[M]. Westview Press, 1984.

[19] Sara Hsu. Risks of Private Enterprise Financing in Nanjing and Shanghai, China and Gender Relationships in Credit Channels of Private Firms in Nanjing and Shanghai, China [D]. Ph. D. The University of Utah, 2007.

[20] Kellee S. Tsai. Imperfect Substitutes: The Local Political Economy of Informal Finance and Microfinance in Rural China and India[J]. World Development, 2004, 32: 1487 - 1507.

[21] K. Hoff and J. Stiglitz. Imperfect Information and Rural Credit Markets: Puzzles and Policy Perspectives [M]//in The Economic of Rural Organization: Theory, Practice, and Policy, Oxford Press, 1993.

[22] Steel, Aryeetey, Hettige et al. Informal Financial Markets under Liberalization in Four African Countries[J]. World Development, 1997, 25

(5):817 -830.

[23]J. D. Von Pischke. The Evolution of Institutional Issues in Rural Finance Outreach, Risk Managenment and Sustainability [C]. Paving the Way Forward for Rural Finance, an International Conference on Best Practices, Lead Theme Paper, WOCCU, 1996.

[24] William F. Steel and Stephanie Charitonenko. Rural Financial Services: Implementing the Bank's Strategy to Reach the Rural Poor [C]. The International Bank for Reconstruction and Development Agriculture & Rural Development Department, working paper, Washington, DC20443, 2003.

[25] Wafik Grais and Zeynep Kantur. The Changing Financial Landscape: Opportunities and Challenges for the Middle East and North Africa [C]. World Bank Policy Research Working Paper 3050, May 2003.

[26]Floro S. L. and Yotopoulos P. A. Informal Credit Markets and the New Institutional Economics: The Case of Philippine Agriculture[M]. Westview Press, 1991.

[27]Brandt L. and Hosios A. Interest-free Loans Between Willagers [G]. Working Paper, 2002.

[28]Adams D. W. and Fitchett D. Taking a Fresh Look at Informal Finance: In Informal Finance in Low-income Countries [J]. Westview Press, CHP, 1992(2):5 -23.

[29]Bottomley A. The Primium for Risk as a Determinant of Interest Rates in Underdeveloped Rural Areas [J]. The Quarterly Journal of Economics, 1963, 77(2):637 -647.

[30]Bottomley A. The Structure of Interest Rates in Underdeveloped Rural Areas[J]. Journal of Farm Economics, XLVI2, 1964, May:313 -322.

[31] Bottomley A. Reply [J]. The Quarterly Journal of Economics, 1965, 79(2):325 -327.

[32]Bottomley A. Interest Rate Determination in Underdeveloped Rural Areas[J]. American Journal of Agricultural Economics, 1975 (57): 279 -291.

[33] Iqbal F. The Determinants of Moneylender Interest Rates: Evidences from Rural India[J]. The Journal of Development Studies, 1988, 24(3): 364 - 378.

[34] Aleem I. Imperfect Information, Screening and the Costs of Informal Lending: A study of Rural Credit Markets in Pakistan[J]. The World Bank Economic Review, 1990, 4(3): 329 - 349.

[35] McKenzie D. and Woodruff C. Do Entry Costs Provide an Emprical Basis for Poverty Traps? Evidence from Mexican Microenterprises[G]. Stanford University, Department of Economics Working Paper, 2004.

[36] Chakrabarty D. and Chaudhuri A. Formal and Informal Sector Credit Institutions and Interlinkage[J]. Journal of Economic Behavior & Organization, 2001(46): 313 - 325.

[37] Adams D. W. and Fitchett D. Informal Finance in Low Income Countries [M]. Boulder, CO: Westview Press, 1992.

[38] Irfan M., Arif G. M., Ali S. M. et al. The Structure of Informal Credit Market in Pakistan[J]. Pakistan Institute of Development Economics, 1999.

[39] Floro, M. S. and Ray, D. Vertical Links between Formal and Informal Financial Institutions[J]. Review of Development Economics, 1997(1): 34 - 56.

[40] Madhavan, Ananth and Venkatesh. Price Discovery in Auction Markets: A Look Inside the Black Box[J]. Review of Financial Studies, 2000, 13(3): 627 - 658.

[41] Glosten, Lawrence R. Insider Trading, Liquidity and the Role of the Monopolist Specialist [J]. Journal of Business, 1989, 62(2): 211 - 235.

[42] Hal R. The Arbitrage Principle in Financial Economics[J]. Economic Perspective, 1987(1): 55 - 72.

[43] Van Horne, James C. Financial Management and Policy[M]. 11th ed. Upper Saddle River, NJ: Prentice Hall, 1998.

[44] Bachelier L. Theory of Speculation Random Character of Stock

Market Prices[M]. MA:MIT Press,1900.

[45]Cowles A. Can Stock Market Forecasters Forecast? [J]. Econometriea,1933,1(3):309-324.

[46]Samuelson,P. A. Rational Theory of Warrant Pricing[J]. Industrial Management Review,1965(6):41-49.

[47]Fama E. Random Walk in Stock Market Prices[J]. Financial Analysts Journal,1965(10):9-10.

[48]Fama E. Efficient Capital Markets:A Review of Theory and Empirical Work [J]. Journal of Finance,1970(25):383-417.

[49]Fama E. Efficient Markets:II[J]. Journal of Finance,1991(46):1575-1617.

[50]Jesen M. Some Anomalous Evidence Regarding Market Efficiency [J]. Journal of Financial Economics,1978(6):95-101.

[51]Fama E. ,Fisher,L. ,Jensen,M. ,and Roll,R. The Adjustment of Stock Prices to New Information[J]. International Economic Review,1969(10):1-21.

[52] De Bondt,W. and Thaler,R. Does the Stock Market Overreat? [J]. Journal of Finance,1985(40):793-805.

[53] Fama E. Market Efficiency,Long-term Returns,and Behavioural Finance[J]. Journal of Financial Economics,1998(49):283-306.

[54]LeRoy S. Efficient Capital Markers and Marketingales[J]. Journal of Economic Literature,1989(27):1583-1621,160.

[55] Jaffe J. Special Information and Insider Trading[J]. Journal fo Business,1974(47):410-428.

[56]Seyhun H. Outsiders' Profits,Costs of Trading,and the Markets Efficiency[J]. Journal of Financial Economics,1986(16):189-212.

[57]Seyhun H. Investment Intelligence from Insider Trading [M]. MIT Press,1998.

[58]Fabiyi,Y. L. and Osotimehin,K. O. An Analysis of the Impact of Credit on Rice Production:A Case Study of Ondo and Oyo States Nigeria

[J]. Savings and Development, 1984, XIII (4): 351 - 356.

[59] Kashuliza, A. K and Kydd, J. G. Determinants of Bank Credit Access for Smallholder Farmers in Tanzania: A Discriminant Analysis Application[J]. Savings and Development, 1996, XX (3): 285 - 304.

[60] Safavian, M. S. Obstacles to the Provision of Finance to the Private Farm Sector in Romania [J]. Savings and Development, 1999, XXIII (3): 353 - 373.

[61] Jaffee, D. and Stiglitz, J. Credit Rationing [J]. In Handbook of Monetary Economics, Vol. II Friedman, B. M. and Hahn, F. H (Eds). Elsevier Science Publishers B. VCHP. 7, 1990(16): 837 - 888.

[62] Duong, P. H. and Izumida, Y. Rural Development Finance in Vietnam: A Microeconometric Analysis of Household Surveys [J]. World Development, 2002, 30(2): 319 - 335.

[63] Nagarajan, G., Meyer, R. and Graham, D. H. Does Membership Homogneity Matter for Group-based Financial Services? Evidence from the Gambia [J]. by African Development Bank, published by Blackwell Publishers, 1999: 87 - 102.

[64] Arrow, K. J. Towards a Theory of Price Adjustment: The Allocation to Economic Resources [M]. Stanford University Press, 1959.

[65] Hoff, K. and Stiglitz, J. E. Money Lenders and Bankers: Price Increasing Subsidies in a Monopolistically Competitive Market[J]. Journal of Development Economics, 1990(52): 429 - 462.

[66] GuPta, M. R. and Chaudhuri, S. Formal and Informal Credit Market in Agriculture: A Theoretical Analysis[J]. World Development, 1997 (64): 331 - 343.

[67]魏源. 农村民间借贷的实地调查与促进其健康发展的建议[J]. 经济纵横, 2010(9): 68 - 72.

[68]刘民权. 中国农村金融市场研究[M]. 北京: 中国人民大学出版社, 2006.

[69]中国管理科学研究院宏观经济管理研究所课题组编. 高层强

调的改革方向：改革动力、重点等重大问题[C]. 内部研讨资料，2006(7)：550－556.

[70]何广文，李树生. 农村金融学[M]. 北京：中国金融出版社，2008.

[71]陈军，曹远征. 农村金融深化与发展评析[M]. 北京：中国人民大学出版社，2008.

[72]李新. 我国农村民间金融规范发展的路径选择[M]. 北京：中国金融出版社，2008.

[73]胡必亮，刘强，李晖. 农村金融与村庄发展[M]. 北京：商务印书馆，2006.

[74]江曙霞，郭晔，曾志钊，等. 市场微观结构：理论、实践与监管应用[M]. 北京：中国财政经济出版社，2006.

[75]武翔宇. 中国农村正规金融与民间金融关系研究[M]. 北京：中国农业出版社，2008.

[76]罗彤华. 唐宋民间借贷之研究[M]. 北京：中国社会科学出版社，2009.

[77]俞如先. 清至民国闽西乡村民间借贷研究[M]. 北京：中国经济科学出版社，2010.

[78]张杰. 转轨经济中的金融中介及其演进——一个新的解释框架[M]. 北京：中国人民大学出版社，2001.

[79]张宁. 试论中国的非正式金融状况及其对主流观点的重大纠正[M]. 北京：中国金融出版社，2003.

[80]李建军. 中国地下金融调查[M]. 北京：中国金融出版社，2006.

[81]俞建拖，刘民权，徐忠. 互助会与农村居民消费研究：一个实证分析[J]. 中国金融学，2005，3(1).

[82]张建军. 正规金融机构退出后的信贷市场研究：广东恩平市个案分析[J]. 金融研究，2003(7).

[83]朱守银. 中国农村金融市场供给和需求——以传统农业区为例[C]. 工作论文，中国农村金融市场国际研讨会，北京，2003.

[84]陈虎城. 民间金融制度：经济性质、生存逻辑及效率边界[J].

广东金融学院学报,2005(6):33－34.

[85]胡金焱.农村金融的边缘化与金融制度创新[J].济南金融,2006(4):33－36.

[86]张庆亮.农村民营金融:发展逻辑、成长可能性与制度保障[J].中国软科学,2005(4):79－86.

[87]徐佼,杨烨.建立村镇社区银行:城市金融反哺农村金融的选择路径[J].金陵科技学院学报,2007(3):72－75.

[88]张军.金融改革与农村金融市场发展[J].中国发展,2005(2):59－69.

[89]李刚.发展民间金融的制度经济学分析[J].商业时代,2006(3):52－54.

[90]中国人民银行广州分行课题组.从民间借贷到民营金融:产业组织与交易规则[J].金融研究,2002(10):108－109.

[91]李晓明,何宗干.传统农区农户借贷行为的实证分析——基于安徽省农户借贷行为的调查[J].农业经济问题,2006(6):36－39.

[92]黄绪江.湖北咸宁民间借贷调查[J].银行家,2007(12):109－110.

[93]李颖,陈瑞燕,郭翔宇.农户借贷行为调查研究[J].农业经济,2008,24(9).

[94]曾贤林,吴健,杨顺勇.贵州农村民间借贷特征的实证分析[J].贵州民族学院学报(哲学社会科学版),2009(2):179－180.

[95]黄步楼,彭青,李泽军.农村民间借贷持续存在和发展的原因及规范对策[J].金融经济(理论版),2004(5):123－124.

[96]姜雅莉.农村民间借贷供求分析与政策建议[J].陕西农业科学,2005 (1):99－100.

[97]钮明.农村民间借贷现状、成因与政策取向[J].金融理论与实践,2006(11):43－44.

[98]张丹,廖正娟.浅议我国农村民间借贷金融的现状及对策[J].安徽农业科学,2007,35(9):2760－2761.

[99]李岩.当前农村民间借贷存在的问题及对策[J].经济研究导刊,2008(1):79－80.

[100]黄颖. 对我国乡镇企业民间借贷行为的分析及对策探讨[J]. 中国总会计师,2009(4):63－65.

[101]高鸿业,刘凤良. 20 世纪西方经济学的发展[M]. 北京:商务印书馆,2005.

[102]马丁,舒贝克. 货币和金融机构理论[M]. 上海:上海三联书店,2006.

[103]刘逖. 证券市场微观结构理论与实践[M]. 上海:复旦大学出版社,2002.

[104]本杰明. M. 弗里德曼. 货币经济学手册(第 1 卷)[M]. 北京:经济科学出版社,2002.

[105]欧文·费雪. 利息理论[M]. 纽约:麦克米兰公司,1930.

[106]艾米利奥·巴鲁奇. 金融市场理论——均衡、效率和信息[M]. 上海:上海财经大学出版社,2006.

[107]史树中. 诺贝尔经济学奖与数学[M]. 北京:清华大学出版社,2002.

[108]安德瑞·史莱佛. 并非有效的市场:行为金融学导论[M]. 北京:中国人民大学出版社,2003.

[109]罗伯特·J. 希勒. 非理性繁荣(第二版)[M]. 北京:中国人民大学出版社,2008.

[110]詹姆斯·C. 范霍恩. 金融市场利率与流量[M]. 辽宁:东北财经大学出版社,2000.

[111]约翰·G. 格利,爱德华·S. 肖. 金融理论中的货币[M]. 上海:上海三联书店,1996.

[112]雷蒙德·W. 戈德史密斯. 战后经济中资本资金的流动[M]. 纽约:国家经济研究局,1965.

[113]范里安. 微观经济学——现代视角[M]. 上海:上海三联书店,1995.

[114]马克·布劳格. 经济理论的回顾[M]. 北京:中国人民大学出版社,2009.

[115]傅为群. 近代民间金融图志[M]. 上海:上海书店出版

社,2007.

[116]中国农村金融学会. 中国农村金融改革发展三十年[M]. 北京:中国金融出版社,2008.

[117]魏源. 广东农村民间借贷调查及其对促进我国农村民间信用发展的启示[J]. 财经问题研究,2010(8):68 - 72.

[118]赵冬青,杨思群,刘玲玲. 中国农村金融发展研究[M]. 北京:清华大学出版社,2008.

[119]茅于轼. 重新认识高利贷[J]. 农村金融研究,2006(9).

[120]弗兰西斯 · 福山. 信任[M]. 北京:远方出版社,1998.

后　记

本书主要内容来自我的博士学位论文。我在西安交通大学经济与金融学院攻读博士学位期间，得到了老师和同学们的巨大帮助。在他们的鼓励下我对几年前的学位论文进行了修改和补充，在今天准备发表的时候，我心里怀着对母校深深的愧疚和感激！

感谢我的导师邱长溶教授！邱老师师出名门，淡泊名利，静心治学，精益求精；她甘做花泥，诲人不倦，如今已是桃李满园。她的智慧令人景仰，她平实且优雅的风格同样令我肃然起敬。从学习到生活我都得到了邱老师的悉心指导，她给予的知识引导与人生教诲，我都视若珍宝。尽管后来我顺利通过了学位申请，但是我很清楚，我的研究工作并未达到邱老师的要求，我需要继续努力。

感谢冯涛教授！冯老师阅历丰富，视野宽阔，学养深厚，他始终站在学术研究和实践工作的前沿，引领学生们在求学的道路上大步迈进。他深刻地影响着我的学术志趣，教导我要把握读书学习和学术研究的精神主旨，踏踏实实地往前走。我的研究工作得到了他的大力支持，他鼓励我挑战难题，并提出关键性指导意见，使我避免犯更多错误。

感谢王珊珊、于慧君、李晓宁、董拥军、陈溪华等同学！跟他们在一起学习的日子是阳光与白雪同在的浪漫日子，紧张的学习伴随着快乐而行。我从与他们的交流中总能得到很多启发，他们活跃的头脑常常令我自惭形秽，同时清楚地看到自己的差距，对自己多了几分冷静审视的目光。

感谢我的父母及家人对我的宽容！我做这件事情其实只是为了自己的兴趣，在这个过程中他们为我做出了许多牺牲却从来没有一丝抱怨，只有女儿发短信给我："妈妈你要快点写论文，因为我很想你！"我衷心地感谢这份等待和成全！

最后，衷心感谢经济管理出版社王光艳老师的指导和帮助！在她的指导和帮助下，我将自己一个阶段的研究成果拿来出版，它原本并不成熟，故一切文责由我承担。同时，我期望得到任何读者的来信，那一定是如知音般真诚的相告，我先在此致谢！另附我的电子邮箱：

meg. v@ tom. com。

魏源

2012 年 8 月